郭旭东 ◎ 主编

安阳师范学院甲骨文研究院

甲骨学与殷商文化研究丛书

甲骨卜辞菁华

天神篇

李双芬 ◎ 著

文物出版社

图书在版编目（CIP）数据

甲骨卜辞菁华. 天神篇 / 李双芬著. -- 北京：
文物出版社，2023.8
ISBN 978-7-5010-7355-9

Ⅰ. ①甲… Ⅱ. ①李… Ⅲ. ①甲骨文－研究 Ⅳ.
① K877.14

中国版本图书馆 CIP 数据核字（2022）第 001344 号

甲骨卜辞菁华·天神篇

著　　者：李双芬

责任编辑：安艳娇
装帧设计：谭德毅
责任印制：王　芳

出版发行：文物出版社
社　　址：北京市东城区东直门内北小街 2 号楼
邮政编码：100007
网　　址：http://www.wenwu.com
经　　销：新华书店
印　　刷：宝蕾元仁浩（天津）印刷有限公司
开　　本：710mm×1000mm　1/16
印　　张：8
版　　次：2023 年 8 月第 1 版
印　　次：2023 年 8 月第 1 次印刷
书　　号：ISBN 978-7-5010-7355-9
定　　价：46.00 元

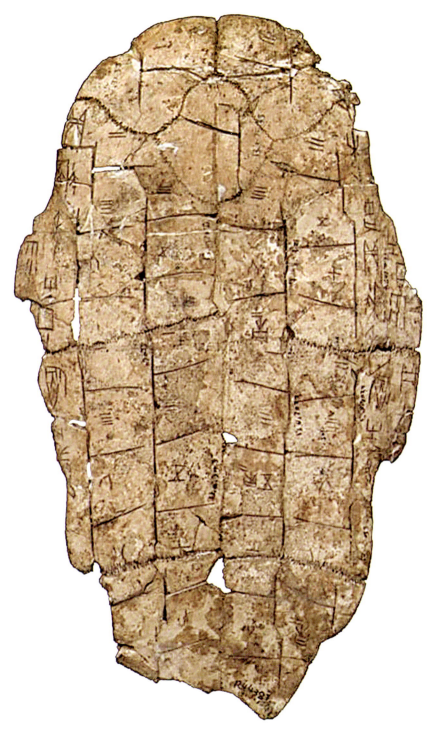

"足雨"卜辞(《甲骨文合集》10137正)

"帝害我年"卜辞（《甲骨文合集》10124正）

凡　例

　　一、"甲骨卜辞菁华"丛书包括商王名号篇、军制篇、战争篇、气象篇、祈年篇、天神篇、梦幻篇、风俗篇、书法篇九册。每册书名采用"甲骨卜辞菁华·某某篇"形式。

　　二、本丛书所收录甲骨片皆精选内容重要、片形较为完整、字迹较为清晰的甲骨拓片。个别片于书前附其彩图,部分片采用缀合后的拓片。拓片图为单辞条者,一般在前给出能看清刻辞的图版;而多辞条选取一二且不易区分者,前放局部以便分辨刻辞,后放整体以见整片全貌。

　　三、每片甲骨由整理者根据卜辞主旨拟定名称,具体格式为"某某"卜辞。

　　四、注释部分由释文、拓片信息、辞语解析及卜辞大意组成。其中,释文以竖排简体形式列于篇名之侧;拓片信息简略介绍所选甲骨片的分期、拓片来源;辞语解析以条目形式,对释文中的重点字词、语法特征及重要历史人物、典章制度等进行简略注释;卜辞大意则是阐述所选相关卜辞的主旨大意,部分卜辞附有相关背景知识的介绍。

　　五、释文加现代标点,以保证文本的可读性。卜辞中的常见字原则上使用简体中文;部分罕见字为保持原字形架构使用繁体字;而难以隶定之字,则采用原甲骨字形标示。

　　六、对于原甲骨片中字迹磨灭、缺失及模糊难以隶定的情况,释文中以一"□"标示一字,以"……"标示字数不确定。凡残缺但能据上下文意补定之字,在补定的文字外加"[ ]"标示。

　　七、为了方便阅读,原甲骨片中的古今字、异体字、通假字,皆随释文直接写成今字、本字,不再另加标示符号,直接在注释中加以说明。

　　八、从书所选刻辞甲骨分别采自《甲骨文合集》《小屯南地甲骨》《殷墟花园庄东地甲骨》与《小屯村中村南甲骨》等,正文中多用著录简称,每册后则附录有"甲骨文著录简称与全称对照"表。

九、丛书甲骨文分期采用董作宾的五期断代法，具体如下：第一期，商王武丁及其以前（盘庚、小辛、小乙）；第二期，商王祖庚、祖甲；第三期，商王廪辛、康丁；第四期，商王武乙、文丁；第五期，商王帝乙、帝辛。

十、本书的"辞语解析"部分中参考和选用了已有的甲骨学研究成果，为保持版面美观而不随行文注明，以"参考文献"的形式附录于书后。

前　言

在殷商的社会结构中，神权具有举足轻重的地位。商人心目中的神灵世界大致可以分为三类，即天神、自然神和祖先神。商人赋予了各类神灵以不同的权势、意志与能力，因而它们也就具有不同的影响人世和自然界的权能。

根据现有的殷墟卜辞资料，殷商时期已产生高高在上主宰着自然和人类命运的"统一天神"，称作"帝"或"上帝"。"上帝"是帝在天上，为天神之意。晚商时期，商人还将部分已经去世的先王在祭祀时称作"帝"，人王称帝是晚商时期出现的新现象。而本书所言之"帝"均指天神上帝。在殷墟甲骨卜辞中，上帝高居天上，有自己的意志与情感，可以发号施令，说明商人已赋予其"人性"，上帝已是人格化的天神。人们相信：人世间的一切事情都是由上帝安排的，不可违背。这一类天神，在当时的宗教系统中地位极高，对它们的崇拜构成了当时宗教观念的核心。

殷商时期是农业社会，天神上帝作为主神，是统领雨、雷、雹、风等自然神神灵的权威主宰。上帝对风、雨、雷等自然神均用"令"来召唤、指挥，上帝与自然神之间具有上下等级关系。殷代统治者关心农作物的收成，而"令雨""令风""令雷"等是上帝特有的自然权能，故而常向上帝卜问。上帝还可以通过"灾我年""降旱"等来影响人间。帝不仅管理、统率着众多的自然神灵，而且还管理着人间千头万绪的大小事件，这可以表现为保佑或为祸人间的城邑建设，以及对于军事行动等政治事务的主宰等。上述情况说明，上帝并非商人的保护神，但作为商人所塑造出来的特殊神灵，上帝也是商人值得信赖的神灵。

同时，在商代具有广泛权能的上帝，还有一个由自然神和祖先神组成的下属组织，称为"帝庭"。上帝是决策者，具有最高权力，而帝臣是帝命的执行者，有时也代表上帝发布命令。"帝臣""五丰臣""五丰""帝史"等称呼表明，帝庭中有层级化的官职体系，具备较明确的职务分工，帝庭类似人间政权在天界的翻版。上帝政令的实际实施和执行则更多由其下属神灵完成。

总的来看，上帝虽有高于其他类神灵的地位，并已在天上建立了一套以己为核心的、有秩序的天神系统，然而其直接行使权能的范围也就大致限于这一系统内，上帝还不是商人的至上神。卜辞时代也是对天神上帝的信仰观念深化的时代，"上帝崇拜的出现，是原始自发宗教向早期人为宗教成熟过渡的重要分水岭"，尽管我们对其基本情况已经有所了解和认识，但是，那座思想和信仰殿堂的格局和奥妙依然需要我们进一步加以探索。今天，让我们再次走向这座天国的殿堂。

目　录

三 日神

一　天神上帝

（一）上帝往来人间

『帝降』卜辞

癸亥卜：（翌）日辛帝降？其入于大宎，在宬。

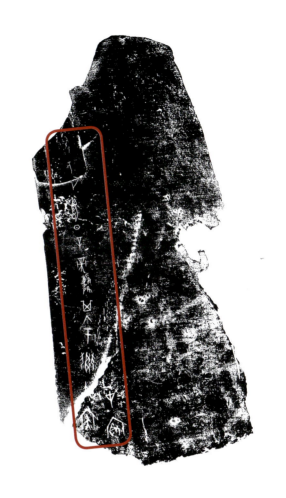

第三期

《甲骨文合集》30386

辞语解析

1. 翌日，翌亦隶定为翊或昱。《说文》："翊，飞貌，从羽，立声。"段玉裁注："翊，经史多假借为昱字，以同立声也。"《说文》："昱，明日也。"卜辞中翌日指未来日，多指次日，但也有一些是指九日以内的，极个别有指十日以后的。

2. 帝降，言帝本身下降到人世。由于帝所赐命的吉凶灾祥皆来自天上，故可推知帝常居于天，因此帝来到人间则说“降”。

3. 降，甲骨文作“”（《合集》18812）、“”（《合集》10167）、“”（《合集》14179）等形，会意字，从阜（土山）从夅。字的一边为一座土山，一边是两只方向朝下的脚，会意为下降。本义为从高处向低处走。商人心目中的上帝拥有着广泛的自然权能，更有着其他诸类自然神与祖先神所没有的对人间强大的破坏力，这种权能上的差异反映出上帝是与自然神、祖先神均不相同的一种天神。而卜辞中唯对上帝使“降”字，亦可证明帝确是高居于天上的神。卜辞中这类“帝降”是否“入”于某地之宫室的辞例，胡厚宣认为这即是说上帝下降到人间，其说可信。

4. ，为地点名。不识，应是某建筑的称谓。

5. 宎，字从大，与作寞者或是一字。而夨、昃古与侧相通，可能是所谓的侧室，在大室的两旁，大室在正中。则“大宎”是指宗庙里的大的侧室。

6. 宨，为地名。

卜辞大意

该辞是于癸亥日卜问，在未来的辛日（应是距癸亥日最近的辛未日）上帝是否降入在地的宗庙里的大侧室，该辞是在宨地占卜的。

上帝能够降入人间宗庙之室，说明上帝是高高地居于天上的天神，而不是居住在地上的人帝。天神上帝降临人间，正是刘熙《释名》所说的“行役”，即巡行人间。殷人预测天帝的动向是为了提前做好安抚的准备工作，以防止上帝发怒而降下疫病。

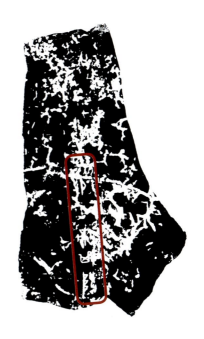

『帝陟』卜辞

丁卯卜：帝其陟……

第三期

《甲骨文合集》30387

辞语解析

1. 其，语气副词，表示将要。

2. 陟，甲骨文作"🦶"（《合集》15364）、"🦶"（《英藏》0771正）、"🦶"（《合集》34287）等形，会意字。在卜辞中常以"陟于"某祖神的形式出现，当是指祭祀时上祭至某祖神。但在该例卜辞中，"陟"的主语是帝，应是指上帝在降到人世之后又返回天上的举动，所以，帝回归上天称"陟"。

3. 商王通过占卜，预知上帝可以降、陟于人世与上天之间，也可能有相关的宗教仪式，《合集》30388有："惠五鼓……，上帝若，王……有佑。"鼓在古代常作为举行某种礼仪时所演奏的乐器，卜辞中以鼓声配合祭祀。商人的上帝不享有祭祀，击五鼓或为震动天庭，以昭告于上帝。"上帝若"者，是卜问上帝是否降若，"若"即允诺。

卜辞大意

丁卯日占卜："上帝将会返回天上吗？"

（二）上帝令雨

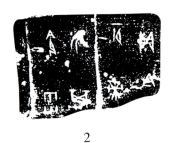

『帝令雨』卜辞

1
丙寅卜，争贞：今十一月帝令雨？

2
贞：今十一月帝不其令雨？

2 1

第一期
《甲骨文合集》5658正

辞语解析

1. 争，为卜辞第一期即武丁时期的贞人名。

2. 帝，即上帝。卜辞"帝"是殷人想象中宇宙万物的主宰，是可以向人们赐福降灾、至高无上的天神。在商代，"帝"字本来是作为天神上帝的专用名号的，晚商开始用作先王的祭称，战国以后，成为时王的自称。《说文》："帝，谛也。王天下之号。"该说法后起。

3. 十一月，商王朝一年分十二个月份，甲骨卜辞以干支（甲子）纪日，以数日纪月。而在商代晚期卜辞中，一月多称正月。

4. 令，即命令之意。卜辞中命、令不分。

5. 雨，卜辞中的"雨"做动词用，是下雨之意。商朝虽然农业发达，但农作物收成多依赖自然，因此甲骨卜辞中有很多关于"雨"的卜辞。

卜辞大意

　　第1辞是，丙寅日占卜，贞人争贞问："上帝（或帝）在今年的十一月会命令雨神下雨吗？"第2辞又从反面贞问："上帝（或帝）在今年的十一月不会命令雨神下雨吧？"

　　商代是农业社会，自然条件对农业发展影响极大。在殷商人的心目中，上帝作为主神统领自然神，是最高的居于天上的天神，拥有下雨和不下雨的权力。天上下雨是上帝的命令，因而经常卜问上帝是否"令雨"。

　　而帝对风、雨、雷等自然神均用"令"来召唤、指挥，可见上帝所具有的权威以及他与自然神之间具有的上下等级关系。

『三月帝令多雨』卜辞

□□〔卜〕，🄲贞：今三月帝令多雨？

甲骨卜辞菁华·天神篇

第一期

《甲骨文合集》14136

辞语解析

1. 🄲，为第一期贞人名。贞人即是负责占卜、卜问命龟之人，🄲和上一版的"争"都是武丁时期的重要贞人，他们替商王进行贞问的同时，也会在甲骨上刻下贞问的内容，而这些契刻的文字就是甲骨文。他们是占卜事宜的实际操作者，也是在骨臼等上刻辞记事并签名的史官。

2. 贞，商人的占卜行为称为"贞"，本条卜辞前辞不完整。

3. 三月，在历法上，殷历的1～3月相当于夏历的5～7月，公历的6～8月，而卜辞卜雨之辞所见月份以十月至翌年三月最多（即今天的3月份至8月份），这段时期正是农作物播种和生长的季节。所以，可卜问上帝是否于"十一月"和"三月"令"多雨"。

卜辞大意

□□日占卜，贞人𪊨贞问："上帝会在三月命令多下雨吗？"

该卜辞表明，殷人有关年成与卜雨的卜辞一般都集中在岁首和岁末。上一版在十一月卜问下雨，本版在三月卜问，是因为殷历采用的是早期农业社会所用的物候纪年法，常玉芝在《殷商历法研究》中指出："殷历的岁首即一月绝不是在冬季，而应是在夏季。"它是以麦收后的始食麦、种黍之时为岁首正月的，商代的正月，相当于夏历的6月，是在吃到麦子之后。

一　天神上帝

『帝四月令雨』卜辞

1　戊子卜，殸贞：帝及四月令雨？

2　贞：帝弗其及今四月令雨？

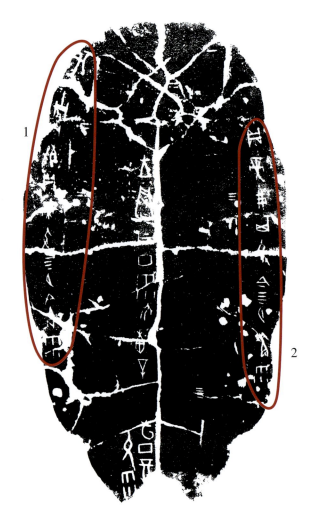

第一期
《甲骨文合集》14138

辞语解析

1. 殸，音雀，为卜辞一期常见贞人名，也是商王武丁时期著名的贞人。

2. 及，及时，及早。本义为赶上、抓住、追上。

3. 四月，大致为今天的公历9月份，是秋季农作物生长之时。

4. 弗，不，不会，表示否定，卜辞常用作否定副词。

5. 其，可能是"期"的源字，意思是到期的时候。"弗其"即没有按期之意，是卜问上帝不会按期在四月份下雨吗？

卜辞大意

第1辞是，戊子日占卜，贞人殸正面卜问："上帝会命令在现在的四月份下雨吗？"第2辞又从反面卜问："上帝不会命令在现在的四月份下雨吗？"

龟甲千里路旁侧记有商王的占辞和验辞。占辞说丁日会有雨，不唯在辛日，验辞记录了在十天后的丁酉日，上帝果然命令下雨了。该辞辞例较为完整典型，包括了前辞、命辞、占辞和验辞，组成部分较为齐全。

『帝令雨』卜辞

1 来乙未帝其令雨？一二

2 来乙未帝不令雨？一二

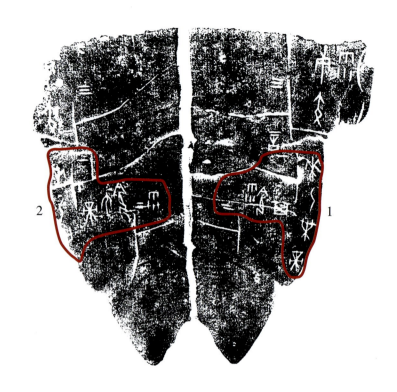

甲骨卜辞菁华·天神篇

第一期

《甲骨文合集》14147正

辞语解析

1. 来，作"山"（《合集》00094正）、"山"（《合集》00152正），未来、将来之义。表示未来时段，来乙未就是未来的乙未日。甲骨文"来"字为象形字，象是一颗小麦的形状，为麦字初文。也就是说"来"是根据麦子的形状所造的字，本义是小麦，如《诗经·周颂·思文》："贻我来牟，帝命率育。""来"是小麦，"牟"是大麦。卜辞中假借为返还、至、将至贡纳，也用作地名。"来"还被假借为来往的"来"，"未来"的"来"表示抽象的时间概念。这样，当文字"来"被借用作其他意义后，来字后加上一止形，字形作"止"（《合集》9606）、"止"（《合集》9553正），表示小麦。即来本义为麦，而麦从来从夊，其本义为来，麦和来的本义和现代意义刚好颠倒了过来。麦子这种农作物开始名称为"来"，后来才改称"麦"。而从字形上说，是先造的"来"字，有了"来"字，后来才造出了"麦"字。"来"被借用为"往来""过来"以及"未来"，可能与其是外来的农作物品种相关。

2. 一、二，这些卜辞兆纹旁的数目字为序数，或称兆序。用以表明已经占卜的次数或者占卜的组类，每个序数都有相对应的占卜灼痕。他们并不是卜辞，但与卜辞有着十分紧密的联系。一般而言，一个甲骨都是多次占卜，而且在每次钻凿烧灼出的裂纹附近，会注明序数词"一、二、三、三（四）……"，写到十之后重新写"一、二……"，是为"兆序"。

3. 从卜辞辞式上来讲，该版卜辞是典型的对贞卜辞。对贞卜辞，即是对某一内容，以否定和肯定的语义各占卜一次，正反对贞，在龟甲上以千里路为中轴，左右对称书写。这种情况所组成的一对卜辞称为"对贞卜辞"。对贞卜辞只能有两条卜辞。我们可以把否定语义的卜辞称为"反卜"，把肯定语义的卜辞称为"正卜"。同时，对贞卜辞在腹甲上所处方位往往是左右对称，多见于第一期，第四期次之，而其他诸期比较少见。

卜辞大意

　　第1辞卜问："未来的乙未日上帝会命令下雨吗？"第2辞卜问："未来的乙未日上帝不会命令下雨吗？"

（三）上帝令雷

『帝令雷』卜辞

1 贞：帝其及今十三月令雷？

2 帝其于生一月令雷？

14

甲骨卜辞菁华·天神篇

第一期

《甲骨文合集》14127正

辞语解析

1. 及今，卜辞恒语。及，义为至、到。"及今"即"至今""到今"。

2. 十三月，在商朝的武丁祖庚时代，卜辞中多将闰月加在岁末，称"十三月"，"十三月"的下一个月就是下一年的岁首一月。第二辞中的"生月"指下一个月，"生一月"即指下个月的一月。

3. 在卜辞中，占卜自然现象的雷，时间确定的有十月、十三月、一月、二月、三月，商代历法的这几个月是夏历的春末到秋初，有雷是正常的。

4. 卜辞雷字作 "🌀"（《合集》24364正）、"🌀"（《合集》34482）、"🌀"（《合集》13415）、"🌀"（《合集》13409）、"🌀"（《合集》15290）等形，是指事字，中间的曲线为"申"字，为打雷时伴随而来的闪电伸张之形。《说文》："申，电也。"即今闪电。圆圈则象征雷声滚滚。

卜辞大意

该版两辞，第1辞贞问上帝是否会在现今的十三月命令打雷。第2辞卜问上帝是否会在下一个月命令打雷。

在殷商时期，人们认为打雷、下雨都是上帝拥有的权力，这些有关打雷的卜辞主要集中于岁首和岁末。根据该版内容，可知殷代历法的岁末和岁首是在打雷的季节，不是处在冬季。《礼记·月令》载："仲春之月……雷乃发声"，"仲秋之月……雷乃始收。"则春分至秋分这段时间正是打雷的时间，这段时间也是农作物播种、生长的季节，打雷往往伴随着雨水，而有了充足的雨水，即意味着有好年成，所以有这样的卜问。

1

2

『帝弘令雷』卜辞

1 癸未卜，争贞：生一月帝其弘令雷？

2 贞：生一月帝不其弘令雷？

甲骨卜辞菁华・天神篇

第一期

《甲骨文合集》14128正

辞语解析

1. 弘，于省吾释"弘"意为大。"弘令雷"，即是说"帝其大令雷"。"弘"字甲骨文写作"$\sout{弓}$"（《合集》269）、"$\sout{弓}$"（《合集》6209）等形，从弓从口，会意字，应表示拉开弓弦时发出的大声。

2. 生一月，卜辞卜问上帝是否在未来的一月份大令雷神打雷。而雷雨相连，故本版卜辞还有卜问是否会下雨的辞例。本版卜辞卜问一月份打雷下雨的情况，也证明了殷历岁首不在冬季。

卜辞大意

　　第1辞是，癸未日占卜，贞人争贞问："未来的一月上帝会大令雷神打雷吗？"第2辞是，贞问："未来的一月上帝不会大令雷神打雷吧？"

17

一　天神上帝

2 　　　　　　　　1

（四）上帝令雹

『帝令雹』卜辞之一

丙午卜，韦贞：生十月雨，其惟雹？

18

甲骨卜辞菁华·天神篇

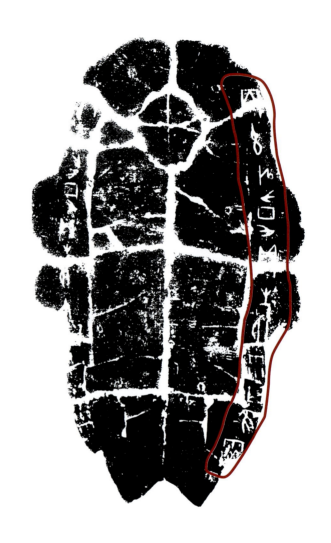

第一期

《甲骨文合集》12628

辞语解析

1. 韦，为殷墟卜辞第一期即武丁时期的贞人名。

2. 该辞省略了"帝"字。

3. 生十月，即未来的十月。说明卜问之日是在九月，是于九月份提前卜问下个月十月上帝是否命令降下雹雨。我国主要种植冬小麦，冬小麦一般在夏历九、十月间播种，次年夏初收割。商代十月约当夏历仲春或季春，此时小麦抽穗，故而担心冰雹为害。

4. 卜辞中"雹"字写作"㊪"（《合集》11423 正）、"㊪"（《合集》7370）、"㊪"（《英藏》1076），也有个别辞例写作"°°°"（《合集》21777）的，为会意字，上为雨，下象冰雹之形。本义为冰雹。王襄、陈梦家等释为"霁"，后来胡厚宣等释为"雹"，更加形合义顺。《说文》："雹，雨冰也"，降雹主要是夏季的大气现象。

5. 惟，即隹，为禽类泛形、泛称。"隹"字在甲骨文中为象形字，如"㊪"（《合集》20273）、"㊪"（《合集》20612）等，字形像一只鸟的形状，本义为短尾鸟的总称。古汉字从"隹"与从"鸟"没有什么区别，所以后世用"鸟"代替了"隹"。甲骨文和金文中常借"隹"为发语词或语助词，无实际意义，如作句首语气词"惟"。

卜辞大意

丙午日占卜，贞人韦贞问："下个月十月，上帝命令下的雨会有雹子吗？"

『帝令雹』卜辞之二

1 丁丑卜，争贞：不雹，帝隹其？

2 丁丑卜，争贞：不雹，帝不隹？

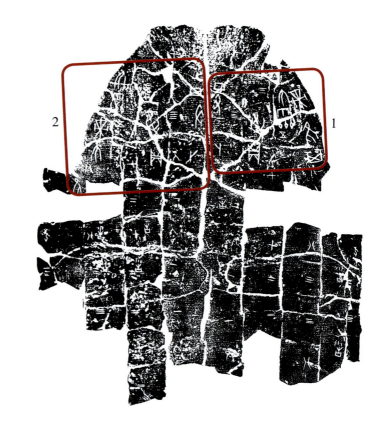

第一期

《甲骨文合集》14156

辞语解析

1. 争，为卜辞第一期即武丁时期的贞人名。

2. 不雹，不，副词，表示否定。"不隹"，表示疑问，对贞卜辞皆是正反两问，置于辞尾之"不"多表示疑问。两辞从正反两方面卜问上帝是否会命令下冰雹。

3. 殷代统治者关心上帝是否命令下冰雹的事实，表明他们很关心农作物的年成，下冰雹会损害农作物，也会给人们的生产和生活带来危害。殷人担心降雹会对农业生产带来危害，故向上帝卜问。

卜辞大意

丁丑日占卜，贞人争贞问上帝是否会命令下冰雹。

（五）上帝令风

『帝令风』卜辞

1 贞：翌癸卯帝其令风？

2 翌癸卯帝不令风？夕雾。

2　　　　　　　　　　1

第一期

《甲骨文合集》672正

辞语解析

1. 翌，亦隶定为翊、昱。《说文》："翊，飞貌，从羽，立声。"表示时间，《说文》："昱，明日也。"卜辞中不仅指明日（次日），次日后十日也可称翌。

2. 令，即命，帝令风即上帝命令刮风。《说文》："命，使也。从口，从令。"命即上对下之命令。

3. 风，即"凤"字，卜辞写作"𩾗"（《英藏》1852）、"𩾈"（《合集》137正）、"𩾊"（《合集》7369）、"𩿋"（《合集》38189）、"𩿈"（《屯南》619）等形，皆象凤鸟形，是借凤鸟的形象来表示抽象的风，后期加上一个声符凡"𠙹"，甲骨文"凤"与"风"一字。

4. 在商代，人们认为刮风也是上帝所主宰的，"令风"是上帝的主要权能之一。卜辞中有不少有关帝令风的卜辞。这条占卜刮风的卜辞，不会是没有危害的微风，而应该是带有灾害性质的大风。大风会造成自然灾害，能给人们的生产生活带来损失，所以要进行占卜。

5. "夕雾"是验辞，验辞说："夜晚起雾了。"有雾则说明无风。人们祈求不要刮风，风会对农作物带来不利影响。

卜辞大意

　　该版卜辞从正反两方面贞问第二天癸卯日，上帝是否会命令风神刮风。验辞说"夕雾"，也就是说癸卯日的夜间下雾了，而没有刮风。

　　"令雨""令风""令雷"等是上帝特有的自然权能，上帝对于风、雨、雷等有使命权，有决定降与不降的权力，但本身并不直接操纵或使风、雨、雷造成破坏。

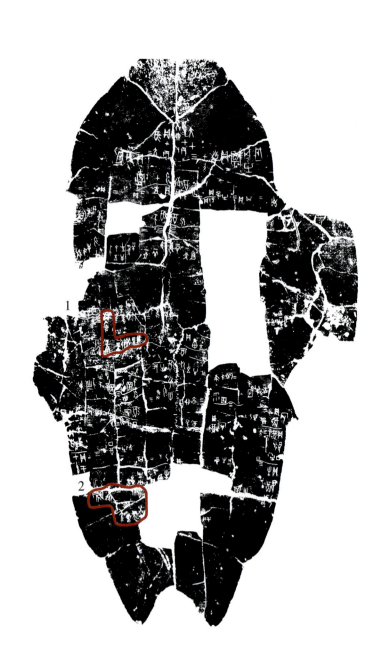

『帝风』卜辞

1 庚午卜，壬申雨？允雨。亦。

2 辛未卜，帝风？不用。雨。

第四期

《甲骨文合集》34150

辞语解析

1. 允，果然，结果。《说文》："允，信也。"

2. 亦，副词，意为"又""也是"。卜辞中多用为"又"，大多见于武丁及后期卜辞。

3. "帝风"二字，应是"帝令风"的省写。

4. 用，决辞，是占卜事项取用与否的专用词。卜辞中这类词如："用""不用"，"兹用""兹不用"等。本版验辞为"不用。雨"，即这次的卜问不采用，还下雨了。卜辞中"用"为会意字，甲骨文从卜从 Ħ，如"Ħ"（《合集》21286）、"Ħ"（《合集》19775）、"Ħ"（《合集》228 正）等，Ħ 为骨版，从卜者，表示骨版上已有卜兆，可据之行事。本义为执行、使用之义，引申为运用。

卜辞大意

　　第1辞是：庚午日占卜，上帝是否会在壬申日命令下雨。果然下雨了。第2辞是：在辛未日占卜，上帝是否会命令风神刮风。结果不采用，下雨了。

（六）上帝与云雨年成

『帝云』卜辞

1. 贞：燎于帝云？

2. 贞：……及今十三月雨？

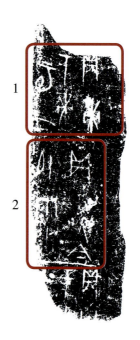

第一期

《甲骨文合集》14227

辞语解析

1. 燎，即"尞"，象形字，甲骨文作"⚹"（《合集》1027正）、"⚹"（《合集》685正）、"⚹"（《合集》34449）等形。象架柴火焚烧、火星飞扬之形，表示正在燃烧的树木，是古代焚柴祭天之象，是为"尞"，后作"燎"。《说文》："尞，柴祭天也。"学者研究认为，安阳殷墟小屯村东北建筑遗址丙组中发现的灰坑，有柴灰和焚烧过的牺牲骨骼，可能即是当时举行"燎"祭或"实柴"之祭的遗迹。

2. 云，即雲，燎于帝云，即燎祭于帝云。气象词，《说文》："云，山川气也。"云为古字，雲为后起字。武丁时期多有占卜求云祈雨的卜辞。而本辞中"帝云"即帝之云，表明云在帝的控制之下，云为帝的使臣。而殷人认为风和云皆在帝左右，供帝之驱使。

3. 殷人年末置闰，十三月即闰月。殷历每逢闰年加1个月，共13个月，可知，占卜的这年是个闰年。商代的先民已意识到天文对农业的重要作用，并根据天文制定了完善的历法。商朝历法以太阴（月）纪月，以太阳纪年，干支纪日，大月30天，小月29天，平年12个月，闰年13个月。在早期卜辞中，闰月放在年终，叫做十三月，称为年终置闰法。这是中国设置闰月的开始，为中国传统历法的确定奠定了基础。

4. "十三月"的下一个月就是明年的岁首。在夏代之前，人们已懂得有闰月，但对闰月的规律尚不清楚。从甲骨文中可知，从商王武丁到祖甲期间，是在年末置闰，即"十三月"。祖甲之后改在年中置闰，卜辞中可以看到"冬八月""冬六月""冬五月"等，这些"冬"不是冬天的意思，而是"终"的意思，即"完了以后"。"冬八月"就是"后八月"，即闰八月。闰月可以加在八月、六月、五月等月份的后面，这比之前一律在年末置闰更加符合气候特征。

卜辞大意

第1辞贞问："要用燎祭即火烧的方法来祭祀上帝的使臣云吗？"第2辞贞问："上帝赶得上在十三月命令下雨吗？"

该辞说明：第一，有云无云是上帝说了算的，天上有云，是帝之所兴；第二，殷人对上帝的使臣云进行祭祀；第三，人们对于上帝之下的使臣可以进行单独的祭祀。人们对某一种神灵有所祈求，才会进行祭祀。而祭祀云的原因则和农作物及其收成密切相关，因为云多才会有雨水。

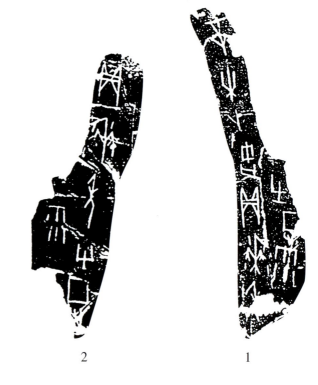

『足雨』卜辞

1 辛未卜，古贞：黍年有足雨？

2 贞：黍年有足雨？

2　　　　1

第一期

《甲骨文合集》10137正

辞语解析

1. 古，为殷墟卜辞第一期武丁时期的贞人名。

2. 黍，作"🌱"（《合集》9964）、"🌱"（《合集》547）、"🌱"（《合集》9603）、"🌱"（《合集》10059）、"🌱"（《合集》9534正）、"🌱"（《合集》9525正）等形，为象形兼形声字。黍的穗是散开的，同别的稻谷不同，因此甲骨文字形突出了这一特征。另外茎旁有水滴，表示它可以用来酿酒，可备一说。北方人称黍子，脱皮后因其色黄，故又叫做黄米、大黄米。《说文》："黍，禾属而黏者也，以大暑而种，故谓之黍。……黍可为酒。"是商代主要的粮食作物之一。

3. 年，年成，是农作物收成之意。甲骨文中年作"🌾"（《合集》9866）、"🌾"（《合集》02）、"🌾"（《合集》28212）等形，会意字，从禾从人，字形是一个人扛着成熟的庄稼回家的情景，整体形象是人负禾之形，会年谷丰熟之义。本义为谷物成熟，丰收、收获。引申泛指一年的收成。在上古时代，先民们在农作物丰收、收割完庄稼后，常常要庆贺一番，举行祭祀活动，以报祭天地众神以及祖先的恩德，并祈求来年再获得丰收。这种祭祀活动就叫"年"，后来逐渐形成了节日，具体时间固定在了新年的第一天。

4. 足，丰足之意。在商代，黍是王公贵族才能享用的高级谷物，所以商王特别关注是否有充足的雨水以保证黍获得丰收。这说明，早在商代人们就已认识到，年成的好坏与降水有直接关系。

卜辞大意

第1辞是，辛未日占卜，贞人古贞问："有足够的雨水保证黍获得好收成吗？"第2辞贞问："黍获得丰收会有足够的雨水吗？"

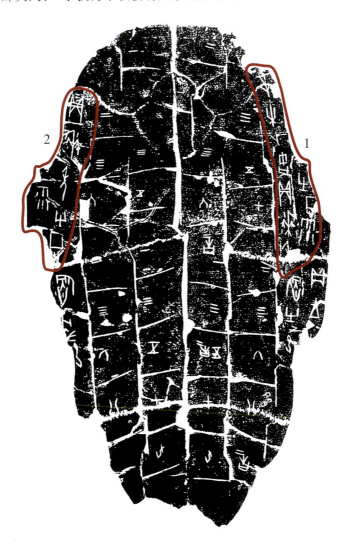

『帝令雨足年』卜辞

1 贞：帝令雨弗其足年？

2 帝令雨足年？

第一期

《甲骨文合集》10139

辞语解析

1. 弗，义为不会。

2. 其，应指雨水。年成的好坏取决于上帝是否提供充足的雨水。本辞是典型的向上帝求年的卜辞。

3. 足，与正同形，充足。足年，指的是丰足的年成。

4. 年，即年成，五谷成熟谓之年。《说文》："年，谷熟也。"是"年"的本义为收成。商代作物一年一熟，甲骨文中"年"字从禾从人，会丰收之意，详解见上版。

卜辞大意

第1辞贞问："上帝不会命令下雨使年成丰足吗？"第2辞贞问："上帝会命令下雨使年成丰足吗？"即卜问是否有好的年成。

『帝害我年』卜辞

1 贞：惟帝害我年？
2 贞：不惟帝害我年？

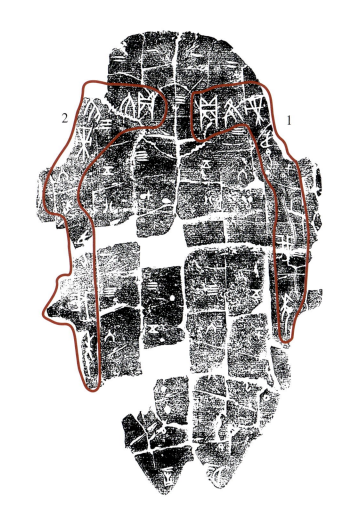

第一期
《甲骨文合集》10124正

辞语解析

1. 惟，即隹，本为短尾鸟的象形字，假借为语气副词惟。

2. 害，灾害、灾祸之义。害字，甲骨文写作"𠂤"（《合集》34218）、"𠂤"（《合集》32625）、"𠂤"（《合集》15694）等形，为会意字，表示伤害。《说文》："它，虫也。……上古草居患它，故相问无它乎。蛇，它或从虫。"即贞问上帝是否伤害我（商王国）的年成。

3. 害我年，即降灾祸于我商王国的年成，破坏商王国的年成。年，成熟之五谷。我指商王，商王朝。

卜辞大意

第1辞贞问："上帝会降灾祸于我商王国的年成吗？"第2辞贞问："上帝不会降灾祸于我商王国的年成吧？"两条卜辞从正反两方面卜问上帝是否"害我年"。

（七）上帝降旱

□□卜，争〔贞〕……上帝□降旱？

『帝降旱』卜辞

第一期

《甲骨文合集》10166

辞语解析

1. 争，卜辞一期即武丁时期的贞人名。

2. 上帝，本版是甲骨文中为数不多的对天神帝称为"上帝"的卜辞，一般都简称为"帝"。甲骨文的"上"是一短画在上，一长画在下，即作"⌒"（《合集》00808正）、"⌐"（《合集》32348）等形，下面的长画表示中线，上面的短画表示空间的上，引申为天上。商人认为帝和祖先的灵魂在天上，卜辞的"上"主要就是指天上的上帝。甲骨文中，除了"上"外，还有"下"字，字形为"⌣"（《合集》00419正）、"⌐"（《合集》32615）等。

3. 旱，甲骨文作"🜲"（《合集》10174正）、"🜲"（《合集》32017）等形，象形字，象两臂交缚之人形，是献祭之人牲。本义为以人牲火祭求雨，当是"熯"的初文。故卜辞又表示干旱、旱灾。也引申为艰难、灾难等义。殷商统治阶级之所以关心上帝会不会降旱，是因为旱灾与年成也有着密切的关系。天久不雨，影响农业收成，殷人即认为是上帝降下了旱灾。"旱"是与农业生产直接相关的因素，上帝通过控制降雨造成人间的涝或旱，最终对农业收成造成影响，达到影响人间的目的。

卜辞大意

□□日占卜，贞人争贞问："上帝会降下旱灾吗？"

『帝降大旱』卜辞

1 贞：帝不降大旱？九月。

2 贞：侑……

第一期

《甲骨文合集》10167

辞语解析

1. 该辞卜问的月份是"九月"。殷历的九月相当于夏历的正月、公历的二月，如果有失闰就相当于夏历的二三月，此时正是春天农作物的播种时期，所以商人要卜问上帝会不会降下大旱灾。

2. 侑，武丁时常见祭名，甲骨文写作"屮"（《合集》24610）、"屮"（《合集》24610）等形，"又""有"为通假字。侑祭是为祈求福佑而举行的祭祀。《诗经·小雅·楚茨》有："以为酒食，以享以祀，以妥以侑，以介景福。"即是表示劝慰神明享用供奉的食物。可见"侑"是祭祀动词，是向某神灵进行侑祭。

卜辞大意

第1辞贞问："上帝不会降下大旱灾吧？"在九月。第2辞贞问：侑祭……

『帝降我旱』卜辞

1 戊申卜，争贞：帝其降我旱？一月。

2 戊申卜，争〔贞〕：帝不我降旱？

2　　　　　　　　1

甲骨卜辞菁华·天神篇

第一期

《甲骨文合集》10171正

辞语解析

1. 该辞表明了卜问或内容记录的时间是"一月"，每年的第一月称"一月"。晚商后期每年的第一月或改称"正月"。殷历的一月相当于夏历的五月，公历的六月。商人担心上帝在一月份会降下旱灾。这也说明殷历的岁首一月是农作物播种、生长的时期，禾苗生长需要雨水的滋润，故而经常有此类卜问。

2. 我，甲骨文中"我"字作"𰀋"（《合集》303）、"𰀋"（《屯南》2785）等形，为一种武器的象形，有长柄和三齿的锋刃，本义当为锯类工具或武器。借为第一人称代词，本辞中为集合性代词，为殷商的自称，表示商王室、商王朝。如"我受年""我伐羌"等。今本义不存。

3. 甲骨文中，"我"有三种用法，第一种用法是自称，可指商王、商王朝，也可以指商王的臣属。第二种用法是适宜，如卜辞"求方我""求年我"应读为"求方宜""求年宜"。第三种用法是我为人、地、族名的统一称谓，"我"是一个历史悠久的部族，该部族方国曾臣属于商王朝，向商王纳贡称臣。

4. "我旱"是"旱我"的倒装。"降我旱"即是降下旱灾，从而导致饥荒。辞例中的"其"是疑问副词，"不"是否定性副词，意为"不会……"。

卜辞大意

　　这是一版卜问上天会不会降下旱灾的卜辞。第1辞是，戊申日占卜，贞人争贞问："上帝会降下旱灾吗？"第2辞是，戊申日占卜，贞人争贞问："上帝不会降旱灾吧？"

　　该辞从正反两方面卜问上帝是否降旱灾于我商王朝。上帝可以"灾我年""降旱"等，可见上帝兼备了自然神的神力才具有了这种超常的权能。

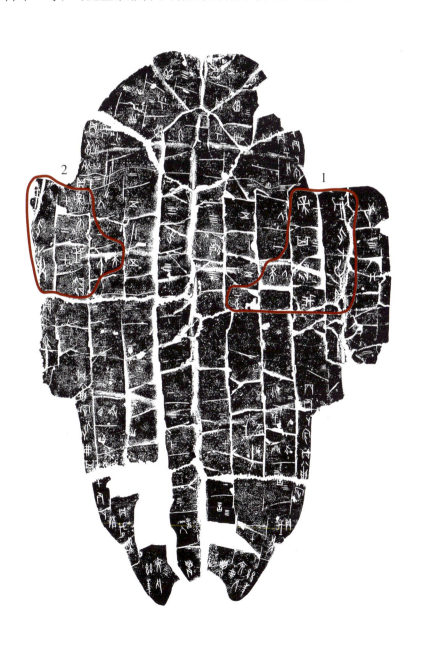

（八）上帝与城邑建设

第一期

《甲骨文合集》14200正

『帝佑乍邑』卜辞

1 己卯卜，争贞：王乍邑，帝若？我从之唐。……

2 〔王乍〕邑，帝弗若？

辞语解析

1. 争，为卜辞第一期即武丁时期的贞人名。

2. 王，商代最高统治者，商王朝历代最高统治者皆称王。商王一切活动均见于卜辞。

3. 乍，即"作"，"作"的初文，上边从卜，下面从刀，本义指制作卜龟。古文"作""乍"一字。卜辞作建造、建筑之义。《诗经·大雅·文王有声》载："文王受命，有此武功，既伐于崇，作邑于丰。"由于"乍"后被引申义所专用，制造之意便写作"作"，而"做"是"作"的后起字。

4. 乍邑，即建造居邑。多见于武丁时期的卜辞。甲骨文"邑"字，作"![邑]"（《合集》20591）、"![邑]"（《合集》4471反）等形，为会意字，从口从卩，字上部的方形象一座城镇，下部是一个席地而坐的人，会居住之意。本义是人们聚居的地方，引申为城墙、都城、国都、封地等。

甲骨卜辞菁华·天神篇

5. 都与邑的区别，《左传·庄公二十八年》："有宗庙先君之主曰都，无曰邑。"所以，"都"是宗庙所在，是王者所居之地，而"邑"则是普通人所居住的地方。作为古老的聚落形态，商代有大量的"邑"存在，少数邑有城墙，而多数邑仍然保留了原来的形态。邑有大小之分，后来的自然村落很多也是从邑发展而来的。

6. 殷墟在卜辞中被称作"商邑"或"大邑商"，学者认为"大邑商"是殷墟众多商邑构成的商王朝都邑。"大邑商"包含众多的小型商邑，但本身又可以理解为独立的"邑"。像"大邑商"以及后来的周原等商周大型都邑，内部应包括多个氏族或家族，他们在邑中各自占有一定的区域，他们与王族之间有着亲密的关系。

7. 我从之唐，验辞，言我从之而作邑于唐。唐为地名，胡厚宣说："唐地名，约在今山西南部的翼城。"唐地所在，学者也有异说，但基本认为在山西南部，汾水的旁边。

8. 若，甲骨文中"若"写作"𡦦"（《合集》21128）、"𡦦"（《合集》21127）、"𡦦"（《合集》94正）等形。"若"字像一个踞坐于地正在用双手理顺头发的人形，也有学者认为像人跪坐于地披头散发、双手上举作祈祷顺服之状，卜辞中表示顺、善、顺利之义。

卜辞大意

　　第1辞是，己卯日占卜，贞人争贞问："上帝会保佑商王建造城邑顺利吗？"商王听从，在唐地建造城邑。第2辞是："（商王建造）城邑，上帝不会保佑商王建造城邑顺利吗？"

　　殷人认为帝在天上，能够下降人间，入于城邑宫室，带来灾祸穷困。因而殷人凡是辟建城邑、有所兴筑，必先贞卜是否能够得到帝的允诺。

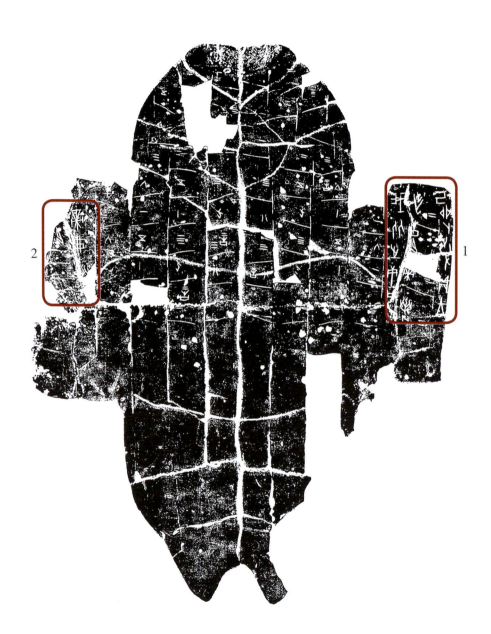

2

1

『乍邑帝若』卜辞

1 庚午卜，内贞：王乍邑，帝若？

2 庚午卜，内贞：王勿乍邑，㞢兹，帝若？

1　2

第一期

《甲骨文合集》14201

辞语解析

1. 内，为卜辞第一期即武丁时期的贞人名。

2. 王乍邑，"乍"即"作"，是商王建造城邑之意，"勿乍邑"是不要建造城邑。

3. 若，《尔雅·释言》："若、惠，顺也。"《左传·宣公三年》："不逢不若"，杜预注曰："若，顺也。"则"若"是顺利之意。

4. 兹，此。《尔雅·释诂》："兹，此也。"

5. 帝若，上帝允诺。《楚辞·天问》："何献蒸肉之膏，而后帝不若。"朱熹集注："蒸，祭也。"后帝，天帝也。若，顺也。有学者依据殷墟卜辞的"帝若""帝不若"，认为"若"有"许诺"之义，而天所允诺，引申有后世所称的上天保佑之义。

卜辞大意

　　该辞是关于商王建造城邑是否会受上帝保佑，即卜问商王"乍邑"或"勿乍邑"，是否"帝若"的。卜辞是从正反两方面卜问的。第1辞是，庚午日占卜，贞人内贞问："王要建造城邑，上帝会允诺吗？"第2辞是，庚午日占卜，贞人内贞问："王不在这里建造城邑，上帝会允诺吗？"

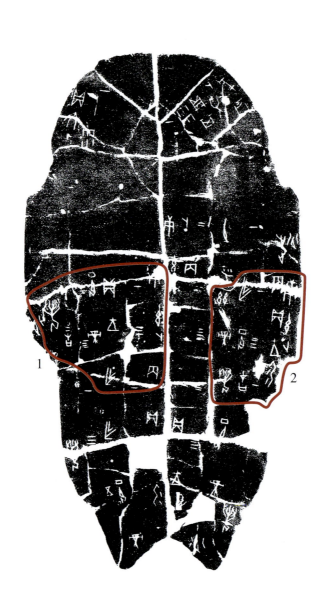

『宅邑大宾帝若』卜辞

〔癸〕丑卜，争贞：我宅兹邑，大宾，帝若？三月。

第一期

《甲骨文合集》14206正

辞语解析

1. 争，为卜辞第一期即武丁时期的贞人名。

2. 我，指商王，即商王要建造城邑。

3. 宅，动词，为居住之义。《尔雅·释言》："宅，居也。"作为名词时是指住宅。

4. 兹邑，兹邑的"兹"为代词，义为"此"。人所聚居之处为邑。"我宅兹邑"意为我居住在此邑。"兹邑"类卜辞目前主要见于武丁时期。殷墟在今天的河南安阳小屯村北，地处洹水南岸，"兹邑"即应指此殷之首都商邑。

5. "大宾"之祭，殷代的"大宾"之祭，是祭祀以成汤为首的多名先王。上古"宅邑"必须祭天（主要是祭祀上帝）。"宾"祭，犹他辞"大御"即大型御祭。商人认为商先王死后可以升天，宾于上帝左右，因此"宾祭"的目的是要先王转告上帝，求得保佑，这种"宾祭"，如葛兆光在《中国思想史》中所说："沟通了天帝、先王，也使自己的权威得到了宗教意义上的证明。"宾祭体现了人间的商王对于上帝的敬畏之情与祭祀的诚意，并通过升天的先王转达给上帝。可见，商代人们认为，人王尚不能直接与上帝沟通，而若有所祈求，则往往需要通过先公先王来做中介。卜辞中常见的"下乙宾于帝""大甲宾于帝"皆指先王因在上帝的周围而与之沟通。

6. 卜辞中，根据"宾祭"主体与对象的不同，"宾祭"除了先王宾于帝之外，还包括先王宾于更早的先王。时代早地位尊的先王，因较早进入天庭，与帝的关系更为密切；以及时王宾帝、时王宾先王、时王宾先妣等多种类型。占卜和祭祀是商代最为常见的两种早期的宗教行为。

7. 该辞"我宅兹邑"一句与西周初年的何尊铭文"余其宅兹中国"语句几乎相同，"我"与"余"均为第一人称，而"宅兹邑"与"宅兹中国"的用法也几乎是一致的，这说明甲骨文与金文的语法结构是相似的。

卜辞大意

癸丑日占卜，贞人争贞问："商王要在这个城邑举行大宾之祭，上帝会保佑顺利吗？"时间是三月。

『帝终兹邑』卜辞

1 丙辰卜，㱿贞：帝隹其终兹邑？

2 贞：帝弗终兹邑？

2 1

一 天神上帝

第一期

拓片选自《甲骨文合集》14210正

辞语解析

1. 㱿，为卜辞第一期即武丁时期的贞人名。

2. 终，卜辞作"冬"。甲骨文冬、终为一个字形。"冬"即"终"，卜辞"冬"写作"🌢"（《合集》12998正）、"ᐱ"（《英藏》1784）等形，为象形字，最早的字形是在一条绳子的两端各打一个结，表示终了的意思，是"终"的初文。卜辞无春夏秋冬之冬字，借终为冬。《书·多士》："殷命终于帝。"终，成也。《左传·昭公十三年》："求终事也。"终，毕也。

3. 终兹邑，卜辞恒语。根据卜辞中建造城邑时都是贞问上帝是否保佑"乍兹邑"，而不是保佑"终兹邑"来看，于省吾认为"终字应训为终止或终绝"，则"终兹邑"应是"终绝兹邑"的意思，即灭绝兹邑。兹邑，即此邑。

4. 关于城邑建设的卜辞集中表明了上帝直接参与人间社会事务的观念，帝往往保佑或为祸人间的城邑建设。若城邑的建设不符合帝的意旨，或人间有事惹怒帝，帝还可能会对城邑进行破坏，即终兹邑，导致不能居住。该辞"终"与《尚书·商书·盘庚上》："既爰宅于兹，……天其永我命于兹新邑"中的"永我命"正好相反，都是涉及能否长久统治或居住的。

卜辞大意

第1辞是，丙辰日占卜，贞人敝贞问："上帝会终绝此邑吗？"第2辞是，贞问："上帝不会终绝此邑吧？"

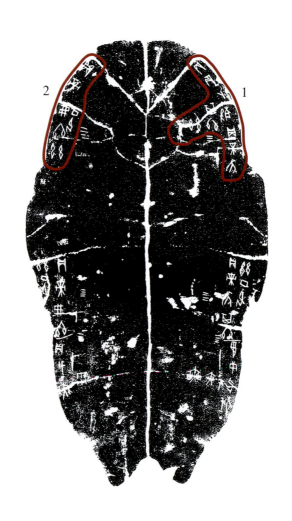

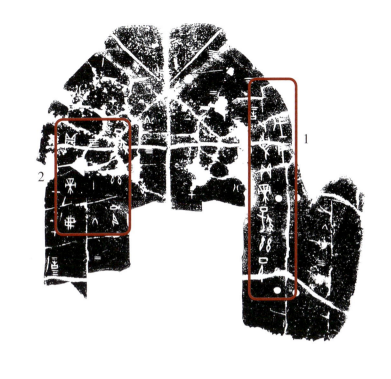

『帝**孛**兹邑』卜辞

1 戊戌卜，争贞：帝**孛**兹邑？

2 贞：帝弗**孛**兹邑？

第一期

《甲骨文合集》14211正

辞语解析

1. 争，为卜辞第一期即武丁时期的贞人名。

2. **孛**，从矢，学者多认为是灾害之义。饶宗颐先生谓："此从矢从易，《说文》：'赐，伤也；从矢，易声。'故知**孛**即赐字，'帝**孛**兹邑'者，谓天命降灾伤害于兹邑也。"

3. 兹，为指称词，卜辞有"兹商"的称呼，而"兹商"就是商，商指安阳殷墟。可见，甲骨文兹字后接的多为表示具体场所或地点的表示空间范围的字。卜辞有"洹弗作兹邑祸？"卜问洹水会不会危害兹邑。由于殷商时期紧临洹水的考古遗存仅有安阳殷墟，董作宾、钟柏生即认为卜辞中的"兹邑"就是指商王邑殷墟。

4. 在记载周人史事的文献中，宅、兹也保留与王邑相关的内容。《诗·文王有声》："考卜维王，宅是镐京。""宅是镐京"即"宅此镐京"。

卜辞大意

　　第1辞是，戊戌日占卜，贞人争贞问："上帝要降灾害于此城邑吧？"第2辞是，贞问："上帝不会降灾害于此城邑吧？"

　　此类有关灾祸的卜辞也表明上帝之于商人是不可依靠的。殷墟卜辞中包括有关禳除疾病的御祭、告祭，多是以自己的祖先神为对象的，而从未向上帝作过此类祈求，由此也可见上帝并非商人的保护神。

（九）上帝与战事

『伐𢀛方帝受佑』卜辞

1 辛亥卜，㱿贞：伐𢀛方，帝受［又］？

2 贞：帝［不］其［受又］？

1 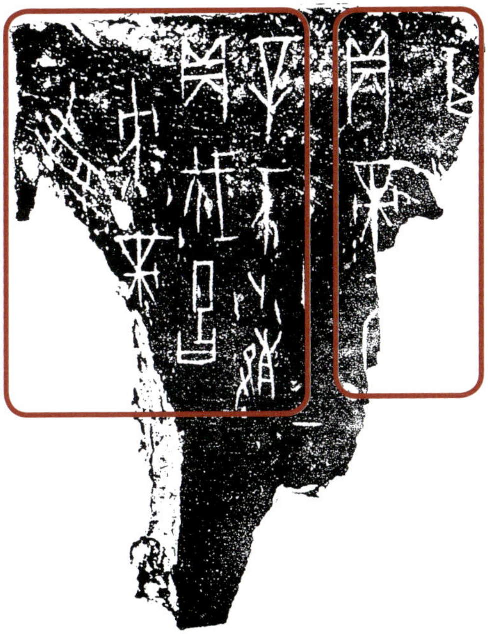 2

第一期

《甲骨文合集》6270正

辞语解析

1. 伐，作“□”（《合集》19798）、“□”（《合集》6853）、“□”（《合集》32正）、“□”（《合集》6427）等形，会意字，作以戈砍人头之形，示杀伐之义，本义为击杀，后来引申为砍斫、征伐之义。而被伐的人，亦可做人牲。
2. 𢀛方，是商王朝西部的重要国族，商代方国之一，为武丁时期的重要劲敌。但𢀛方不见于史书记载，目前大多见于武丁时期卜辞之中。猜测武丁时代双方时有冲突，经过武丁一朝的不断征伐，最终𢀛方被消灭，故其后卜辞之中就不再见有征伐𢀛方之事。其地望诸家皆认为是在商王都之西，或西北，其势力范围可能在今天的山西、陕西交界的石楼、永和县境一带。

3. 受又，卜辞恒语。《说文》："受，相付也。"又："授，予也。"受即授予之义。又即祐、佑。"受又"意为受神祇之福佑、保佑。卜辞中的"受又"即是"授佑"之义，与"天授""天佑"的辞例接近。但是，"受又"涉及的事件往往非常具体。除本版卜辞外，又如"我伐马方帝受我又"（《合集》6664）等。又与右、祐、侑等为通假字。

卜辞大意

第1辞是，辛亥日占卜，贞人殷贞问："征伐舌方，上帝会保佑战事顺利吗？"

第2辞是，贞问："上帝不会保佑吗？"

该版卜辞卜问伐舌方的战事，贞人殷于辛亥日贞问如果去征伐舌方，上帝是否"受又（授佑）"，即是否保佑战事取得胜利。殷人认为邻族方国的来袭，战事的顺利与否，或与上帝有关。邻族方国来袭，是由于帝令作祸，因而殷人出师讨伐方国，必先占卜是否能够得到帝的保佑。因为举凡征伐军事的成败，都是帝作主宰的。这种情况也说明，商人认为上帝并非一定保佑于己，也存在保佑敌方之可能。所以，上帝并非商人的保护神，而是商人在探寻与追溯那种超出于祖先神与自然神的权能之上的统一整个世界，并给予其秩序的力量时所塑造出来的一种特殊的神灵。

『帝佑伐』卜辞

1 贞：勿伐吾，帝不我其受又？

2 [贞]乎[师]般伐吾？

第一期
《甲骨文合集》6272

辞语解析

1. 我，这里指商王或商王朝。

2 受又，即是否保佑战事取得胜利。晚商时期273年之间，各王所征伐的对象有136个方国之多，在每次征伐方国之前，都要卜问上帝是否保佑战争取得胜利，依此决定是否出征。

3. 其，为疑问副词。

4. 受，卜辞字作"🔸"（《合集》19946正）、"🔸"（《合集》6719）、"🔸"（《合集》8008）、"🔸"（《合集》6220）等形，会意字，从凡从手，字形是一只手把盘子交到另一个人手里，表示给予，同时也表示接受之义。所以在较早的古文中，"受""授"同词。"受又"即"授佑"。

5. 乎，即"呼"，动词，为命令、召唤之义。卜辞作"🔸"（《合集》19995）、"🔸"（《合集》548）、"🔸"（《合集》6259）、"🔸"（《合集》27971）等形，指事字，从

丂从 川，下边是一种乐器，上边象吹奏时发出的声气，本义当为乐声袅袅，是"呼"字的初文。

5. 师般，是商王朝世袭武官。"师"为武职官名，"般"为族名。"师般"即般族首领或代表人物在商王朝为武官者，世袭其职，故武丁及武乙、文丁时期皆有师般。

卜辞大意

　　第1辞贞问："不去征伐舌方，上帝不会保佑我商王吧？"第2辞是贞问："呼令师般去征伐舌方吗？"

『王循方』卜辞

1 □午卜，㱿贞：今春王循方，帝受我〔佑〕？

2 ……出一牛？

一 天神上帝

第一期

《甲骨文合集》6737

辞语解析

1. 㱿，为卜辞第一期即武丁时期的贞人名。

2. 今春，今年春种之时。春，时间词，从目前甲骨卜辞的情况来看，商代尚无明确的春夏秋冬四季之分，只有春种、秋收两时段（或称两季）。

3. 循方，"𣥜"释为"循"，叶玉森说，"循即巡"，则"王循方"应是商王巡视方国，又卜辞中往往"循"与"伐"连称，因而"循"就不单纯是巡视之义，而是带有武力震慑的性质，有征伐的意思。这样，"王循方"就是说商王要去征伐"方"，卜问上帝是否授予保佑。同时这也说明商王在进行边境巡行威慑四方的准军事行动时，也要询问上帝的意见。

4. 方，字作“”（《合集》20407）、“”（《合集》32正）、“”（《合集》540）、“”（《合集》6530正）等形，为象形字，象古农具耒耜之形，上短横像柄首横木，下长横即足所蹈覆处，旁两短画或曰饰文。古者秉耒而耕，刺土曰推，起土曰方，本义当为起土之锸，引申为方形、地方、正直义等，卜辞指方国。
5. 㞢，其义因用法而异。隶定为：有、又、右、佑、侑。有、侑用法较多，此处为祭名，侑祭，即侑求之祭。

卜辞大意

第1辞是，□午日占卜，贞人㱿贞问：“今年春种之时商王巡视方国，上帝会保佑吗？”第2辞是，卜问：“……侑祭一头牛吗？”

1

2

『王沚戛比』卜辞

1 贞：王惟沚戛比，伐巴方，帝受我佑？

2 王勿惟沚戛比，伐巴方，帝不我其受佑？

第一期
《甲骨文合集》6473正

辞语解析

1. 王，这里指商王武丁。

2. 惟，即隹，同"叀"，音惠，为语气词。"叀"甲骨文字形像纺锤形，卜辞做发语词或助词，为假借用法。

3. "沚戛"的"沚"是一个方国的名称，"戛"是人名，"戛"或读为冒，"沚戛"是沚国之伯，他是武丁时期的重要将领，曾多次率兵攻打各方国。

4. 比，字作"𠇌"（《合集》33106）、"𠈌"（《屯南》190）、"𠈌"（《合集》32正）、"𠈌"（《合集》27899）等形，两个人前后并靠，正反无别，本义为并列或联合、协同，在此为辅佐之义。

5. 巴方，是南方巴人的方国。地望在今湖北西南汉水上游一带，是殷代很活跃的一个方国。巴人出自巴氏、樊氏、相氏、郑氏等几个部族，生活于山水纵横地区，发展较快，不服商朝管辖，武丁征调各方军队进行征伐。巴方旁边有两个商王朝重要的臣属国——沚方和奚方，参与攻巴方的贵族有做先锋前导的沚及其他侯伯等。

6. 武丁征伐巴方的军队主要有两支：一支由商王武丁亲自统帅，并由奚国随同作战。卜辞有"癸丑卜，亘贞：王从奚伐巴方？"另一支由王后妇好统帅，由沚国作为随从，如卜辞"壬申卜，争贞：令妇好从沚戛伐巴方，受又佑？"其占卜背景与本版卜辞比较相似。根据卜辞分析，巴方可能在遭到这样的征伐之后，受重创而一蹶不振。

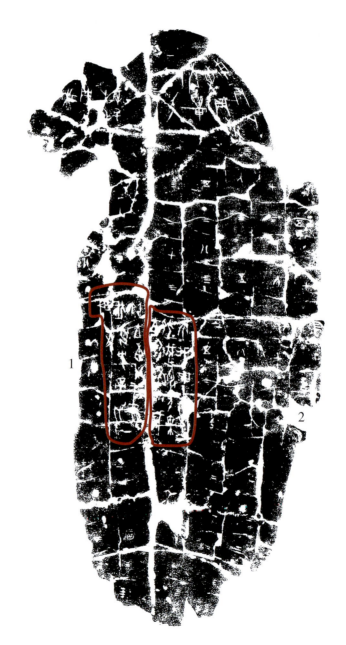

卜辞大意

第1辞是，贞问："王用沚戓辅佐去攻打巴方，上帝会给予保佑吗？"第2辞是，贞问："王用沚戓辅佐去攻打巴方，上帝不会给予保佑吗？"

本辞从正反两方面卜问有关征伐巴方的事情。该卜辞反映了在商人的心目中，上帝不但有左右战争胜负的大权，而且对参战人员的安排也有决定权。本辞占问的焦点是是否用沚戓辅佐，而由卜辞的反问可以看出商王是希望用沚戓辅佐去征伐巴方的。

『戠再册』卜辞

1 贞：戠再册，王薛，帝若？

2 贞：王勿比戠，帝若？

第一期

《甲骨文合集》7407正乙

辞语解析

1. 再册，是"称述册命"，即宣读事先书写在简策上的册命文辞，这种做法为两周的册命礼所继承。在商代的军礼中，"再册"往往与命将合二为一，商王武丁时期的卜辞中已经见到这种制度，成为出征前举行的隆重礼仪活动，也是为战争而任命武将的制度。

2. 这种在神祇面前举行的"再册"礼，实际上是把商王的任命与鬼神的允诺结合在一起，使出征更加显现出符合天意和神圣的特征。于省吾说："武丁时卜辞，于征伐方国，每先叙'沚戠再册'……再、稱古今字。册经典通用策。再册之义旧无释。按称谓述说也，册谓册命也……振旅出征，必有册命。"

3. 商代有沚国，卜辞有"臣沚""多沚"以及"沚戓"的记载。说明沚国是商王朝的同盟国，而沚戓是沚国之伯，也是武丁时代对敌对方国进行征伐的重要军事将领，特别是在攻打殷商的敌对方国巴方的时候，曾协助妇好一起作战。

4. 本版卜辞反映了帝影响人间的战争进程，并且对战争中的具体事项也进行干预。也有学者认为这是选将时的一种仪式。沚戓还是武丁时的主册命之臣，故征伐方国，沚戓必先称述册命也。当然也有另一种可能，有学者认为这是向上帝报告敌人罪行以求上帝保佑的典册。

卜辞大意

　　第1辞贞问："沚戓宣读册命任命，王配合任命，上帝允诺或给予保佑吗？"
第2辞又贞问："王不配合或偕同沚戓一起，上帝允诺或给予保佑吗？"

『沚馘启』卜辞

2　　　　　　　　　1

1 丙辰卜，争贞：沚馘启，王比，帝若？受我又？

2 贞：沚馘启，王勿比，帝弗若？不我其受又？

第一期

《甲骨文合集》7440正

辞语解析

1. 启，为先导之义。古代出征往往称前军为启，甲骨文中的征伐方国，往往用联盟方国的将领率军在前，而商王或妇好则比次在后以督阵，因而称前军为启。"沚馘启"便是以沚馘作为先导部队的将领。该辞为占卜是否由沚馘为先头部队或率先进攻敌人。

2. 比，联合，《诗经·小雅·六月》："比物四骊。"《释文》："比，齐同也。"即是偕同之义。

3. 受我又，即授我佑，得到保佑，意为给商王朝带来福佑。甲骨文中，商人祭祀的神主要有三大类，即自然现象掌管者天神、地祇以及祖先神灵。卜辞每言帝必在上，又称上帝，上帝只有"受祐"的权能，受读授，又读祐或佑，帝受我又即上帝授我祐也。

4. 本版卜辞向上帝占卜战事的吉凶，涉及了具体的人事安排，甚至连商王是否偕同或督战的细节也考虑在内了。这说明，在商人的观念中，上帝不仅决定了战事的胜负，还会干预出征将领以及商王督战，可见商人对帝的意志无能为力，而商人所能做的仅有通过占卜去得知帝的旨意。

卜辞大意

　　本版卜辞是向上帝卜问有关战争中的具体战役或战术安排的，为对贞卜辞。贞人争反复贞问由沚戜为先头部队或率先进攻敌人，王军随同与否，军事行动能否得到上帝的保佑，能否给商王朝带来福佑。第1辞是，丙辰日占卜，贞人争贞问："由沚戜为先头部队或率先进攻敌人，然后王军随同的军事行动，能得到上帝的保佑吗？能给商王朝带来福佑吗？"第2辞是，贞问："由沚戜为先头部队或率先进攻敌人，然后王军不随同的军事行动，上帝不保佑吗？不能给商王朝带来福佑吗？"

『伐下危帝受佑』卜辞

1 □□卜，殻贞：王比望乘伐下危，受佑？

2 □□〔卜〕，〔殻〕贞：王勿比望乘伐下危，不受佑？

第一期

《甲骨文合集》6498

辞语解析

1. 殻，为卜辞第一期即武丁时期的贞人名。

2. 望乘，望，氏族名。乘，人名。即望族首领或代表人物。望乘是武丁时期的重要将军之一，以望乘为首的望族与商王朝交好，常随从商王出兵征战，且向商王室贡纳祭牲。与望乘同版贞卜的卜辞中常包含有不同方国的战事，而参与战争的部族首领，与望乘同为商王室效命，如沚国之伯沚戜等。

3. 下危，商代方国名，目前仅见于武丁时期卜辞。下字作"⌒"（《合集》32
   正）、"⌒"（《合集》811 正）等形，卜辞中多作方位词，与"上"相对。危
   的字形作"𝄢"（《合集》6426）、"𝄢"（《合集》6427）、"𝄢"（《合集》8495）
   等，象易倾倒之器物形，卜辞多作方国名。甲骨文后期卜辞称危方，其族居地
   待考。
4. 受，是接受的意思。"受"是"授"字的初文，"受佑"即受祐于上帝。

卜辞大意

　　第 1 辞是，□□日占卜，贞人𣪘贞问："王以望乘为辅佐去征伐下危，上帝
会给予保佑吗？"第 2 辞是，□□日占卜，贞人𣪘贞问："王不以望乘为辅佐去征
伐下危，上帝不会给予保佑吧？"

　　这是一版牛胛骨卜辞，卜问均省略了"帝"字。这反映了商王去征伐方国之
前，要卜问是否让某位将领辅佐同去征伐，才能得到上帝的保佑并使战争获得
胜利。

　　上帝作为天神，主宰着人世间的吉凶祸福，所以商王征伐敌对方国之类的行
动，必先祈求帝的允诺和佑助，得到帝的佑助即是在执行上帝的旨意，因此这成
为当时军礼的重要组成部分。

（十）上帝与人事

『帝若王』卜辞

1 辛丑卜，殻贞：帝若王？

2 贞：帝弗若王？

2　　　　　　　1

第一期

《甲骨文合集》14198正

辞语解析

1. 殻，为卜辞第一期即武丁时期的贞人名。

2. 若，甲骨文中，象人跪坐用双手梳理头发令顺之形，学者普遍认为"若"是顺利的含义，"帝若"即是上帝保佑某人或者某事顺利。这里的帝若、帝弗若的"若"，当读作"诺"，后来的"诺"字应是"若"的后起形声字，"允诺"就是"允许"，"许诺"就是接受、答应，也即顺从允诺之义。"帝若王"就是帝使商王顺利、吉祥，"帝弗若王"就是上帝不让商王顺利吉祥。

3. 甲骨卜辞中，天神上帝不仅可以令风令雨，支配自然界，还可以主宰人类社会，降灾或护佑人间，对商王来讲，天神上帝也掌握着商王的吉凶福祸，因而商王遇事常贞问上帝授佑与否。

卜辞大意

第1辞是，辛丑日占卜，贞人殷贞问："上帝会使商王顺利吗？"第2辞是，贞问："上帝不会使商王顺利吗？"

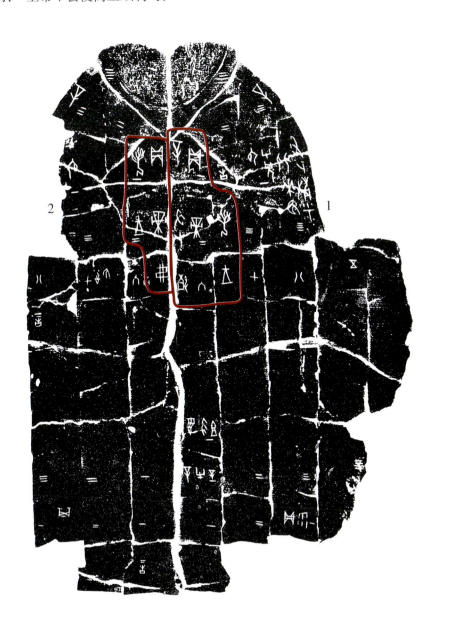

帝被殷商时人视为天神，武丁时卜辞中有称"上"者，又每言"帝降"，则帝之必在天上无疑。此在天上的上帝，能令雨足年，能不令雨而降旱，能降祥降祸，能授佑作害，所以其虽在天上，却主宰了人间的祸福。但卜辞中多见祭祀祖先神的辞例，而很少见祭祀上帝的辞例，可能是因上帝主宰祸福，威严可怕，而祖先神升天后在帝左右为帝之辅佐，又因与时王有父子或祖孙之情，故时王常加祭祀以祈福。

综合来看，上帝并不是一个严厉的神灵，在很多对待商王和商王朝的事情上，帝都是善意相待的，那么在商人的心目中，帝也应该是一个可以信赖的神灵。

『帝肇王疾』卜辞

1 ……帝肇王疾？

2 贞……隹帝肇王疾？

第一期

《甲骨文合集》14222正乙（左）、正丙（右）

辞语解析

1. 肇，诸家训作"启"或"开"，"帝肇王疾"意为上帝使商王生疾病。"肇"字卜辞作" 屮 "（《合集》008）、" 屮 "（《合集》7023正）等形，为会意字，是以戈击门破户之形，示破户为破国之义始，表示要打开门，引申为开始、发生。卜辞也作祭名，肇祭。

2. 疾，病，《说文》："疾，病也。"在殷墟出土的十多万片龟甲兽骨中，涉及疾病的甲骨有三百多片。甲骨文中只有"疾"字，无"病"字。同时，在殷商时期，尚无像现代医疗这样清晰的分科，大部分疾病都是根据病痛部位来命名的，如疾首、疾齿、疾肩等。甲骨文字形通常有两种形式，一种从大（人），从矢（左右异形），形似人腋下中箭，泛指疾病，如" 屮 "（《合补》01243）、" 屮 "（《合集》21054）。另一种像人躺在床上出汗的样子，以示疾病之意。如" 屮 "（《合集》21044）、" 屮 "（《合集》21050）、" 屮 "（《合集》22250）、" 屮 "（《合集》33112）等。

3. 隹，甲骨文作飞禽状，字形源于鸟类，表示一种常见的飞鸟，字形突出了其擅飞的特征，这里是假借用法，用作疑问副词为"将要"之义。

卜辞大意

两辞卜问同一件事，第1辞卜问："上帝会使商王生疾病吗？"第2辞也是贞问："上帝会使商王发生疾病吗？"

在殷人的观念中，人之所以生病，多与神灵降灾有关，既然病因乃鬼神所致，则问病治病就理当祈祷于鬼神。

65

一 天神上帝

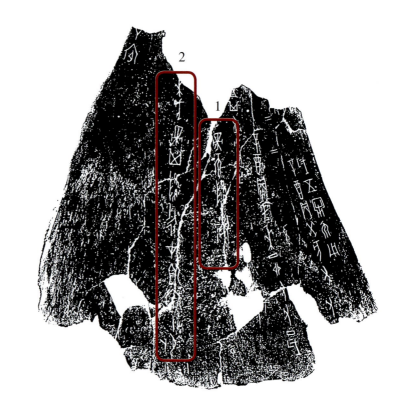

第四期

《小屯南地甲骨》723

辞语解析

1. 降永,吉祥语。即降以长福。永为美善之义,目前只见于武乙文丁时期。

2. 卜辞中的"永"字作"卜"(《合集》178)、"卜"(《合集》248正)、"彳"(《合集》623)、"彳"(《合集》17440)、"卜"(《花东》181)等形,为象形字,甲骨文正写反写无别,自"永"之原字观之,象一条大河派生出一条小河,"永",典籍中训为长、久,即长久之义。本义为水流长,引申泛指长、永远。

3. 卜辞"永"字字形中那个像侧面人形的符号代表的不是"人"的形象,而是河水的主流和支流,所以只需要表现支流一侧的河床即可,无需画出两侧的河床,这样也便于强调支流的含义。这样看来,"永"字的构字理据就是表示河道里的水流源远流长,支流表示"源远",其主流表示"流长",而所谓源远流长也就是河水流得长远,长远的含义就很容易引申出后世常用的永远的意思。

4. 来岁，"来"表示将来时间，"岁"象斧钺之形。庄稼每年收割一次，引申为年岁，卜辞中"岁"也作祭名。"来"在表示将来较短的时日时，可称"来日"，或称"今来"，表达未来某日，与"翌"用法相似，但"翌"主要指次日、再次日，而"来"则多指六旬之内的其他诸日，"来"比"翌"所指时限远，所以"来日"则方长。"来"还可指季、年，与春、秋、岁搭配，卜辞有"来春""来秋""来岁"，均指来年、明年，诸语与今春、今秋、今岁也相对应。

5. 宗，字作"介"(《合集》13538)、"介"(《合集》32052)、"介"(《合集》34044)、"介"(《合集》13546)、"介"(《合集》38236)等形，为神庙中有祭主之义，本义为宗庙、祖庙，就是祭祀祖先的庙堂。

6. 在宗庙内占卜，其用意是希望能得到作为宗庙之主的先王的保佑或启示。因此，在祖乙宗占卜，即是因为祖乙之类的圣王可以"宾于帝"，能与上帝沟通，通过祖乙了解上帝的意向。

卜辞大意

本版卜辞从正反两方面卜问"帝不降永""帝其降永"。第1辞是卜问："上帝可以降下长久的福祉吗？"第2辞是卜问："来年上帝会降下长远的福祉吗？"是在祖乙的宗庙占卜的，时间是十月。

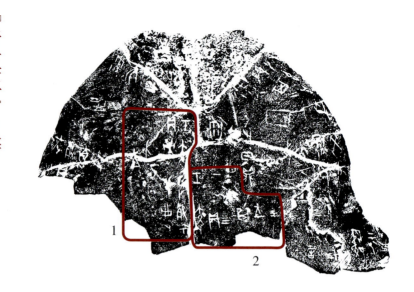

『帝左王』卜辞

1 壬寅卜，㱿贞：帝弗左王？

2 壬寅卜，[㱿]贞：[帝]其[左]王？

第一期

《英国所藏甲骨集》1136

辞语解析

1. 左，字作"𠂇"（《合集》137正）、"𠂇"（《合集》248正）、"𠂇"（《合集》2496）、"𠂇"（《合集》27884）等形，象形字。甲骨文象左手之形，本义是左手。

2. 左王，甲骨学者历来将其释为"佐王"，即对王的"佐佑"之意。但这多是出于甲骨文中"左""右"无别这种看法的误导。因为从文化观念上来讲，"殷人尚右"，众多的甲骨卜辞辞例表明，商人往往以"右"为上，为尊，如军事战争辞例中以"右、中、左"为序，占卜中以"右卜"为重，祭记中以"右宗"为要，而卜辞中又常见"受有佑"，"有""佑"皆作右手形，可知殷人以右为上为吉，这在卜辞文例、商代官制、学校称谓等方面也有反映。正因为"殷人尚右"，所以与"右"相对的"左"，作为一种方位，在商代的地位是较低的。加上卜辞中出现的对时王施"左"的对象，又往往是"帝""大示""成""咸""祖乙"等天神或先公先王，地位都比时王高，他们应只能给时王带来福佑和祟祸，但不可能屈尊枉驾"辅佐"时王。所以，殷墟甲骨卜辞中的"左王"可能与"它王""祟王"意思一样，是天神与祖先神等神灵对时王降下灾祸的一种不利的行为。

卜辞大意

本版卜辞从正反两方面卜问天神上帝是否会祸害商王。

第1辞是，壬寅日占卜，贞人㱿贞问："上帝不会给王降下灾祸吗？"第2辞是，壬寅日占卜，应该也是贞人㱿占卜贞问："上帝会给王带来或降下灾祸吗？"

『立史』卜辞

乙未卜，争贞：我立史，帝（若）？

第一期

《甲骨文合集》14207反

辞语解析

1. 争，为卜辞第一期即武丁时期的贞人名。

2. 我，为神王，非时王。

3. 立，到了要去的地方，一般表示神灵。"立"表示"到"，甲骨文中表现到的字还有"至""正"等。

4. "史"字，有的学者释为"事"，即"立事"，认为甲骨金文中用作使、事、吏等义，皆是由史义派生的。杨升南认为："卜辞皆以史为事，是尚无事字"，可备一说。也有把"史"解释为"记录历史"的史官，但综观卜辞，凡含"史"的辞例，几乎没有涉及"记录历史"的字义的，所以也不存在记录历史档案的史官以及职位。因为神祇意识形态是甲骨占卜的核心，甲骨文"史"字，应表示一种"有灵魂的主体"，可包括各种动植物神灵，即"史"为神灵。"我立史"，神王到了（帝廷）。

5. 在神祇盛行的殷商时代，殷商人的头脑中，世间一切事物都是由神灵主导的，殷商时王祭祀占卜的目的是得到神的旨意，重点关注的是神灵的意志、行为与态度，以及是否会给人间或商王带来护佑或降下灾祸。

卜辞大意

乙未日占卜，贞人争卜问："神王已经到了帝廷，上帝会保佑顺利吗？"

卜辞出现"史"的主要字词有"屮史""大乙史""我史""朕史""大史""立史""王史"等，"史"表示神灵。

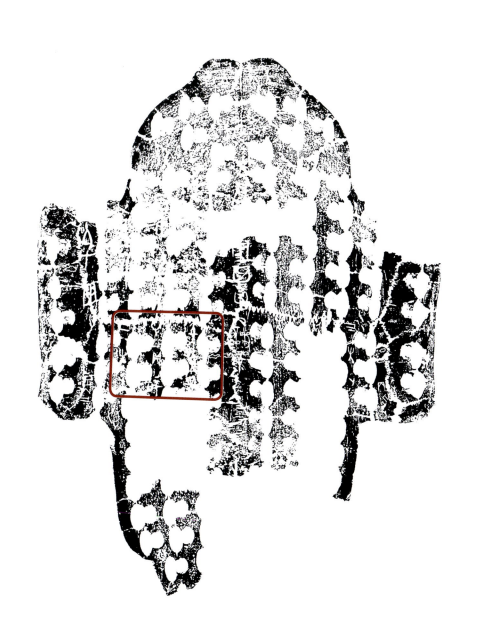

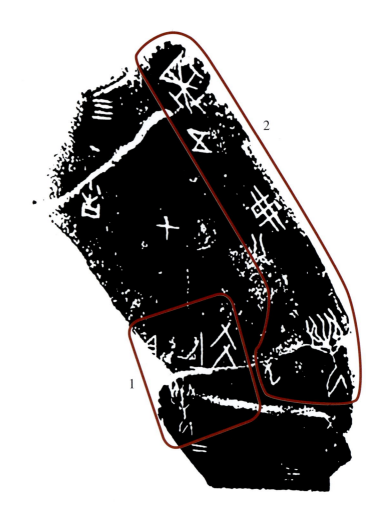

第一期

《甲骨文合集》14196+续6.18.4

辞语解析

1. 若，学界普遍认为"若"为顺利的含义。"帝若""帝弗若"中的"若"字，是作为动词使用的，在卜辞中的含义为保佑某人或者某事顺利。

2. 爻，名词，或表示地名，或族名、人名。丁山在统计甲骨文中的氏族时，曾将"爻"列入其中。山东滕县井亭煤矿一座晚商墓中曾出土16件青铜礼器，其中五件铜器上铸有"爻"字族徽。李伯谦认为"爻族"铜器在滕县出土，此地应与"爻族"居地有关。而据严志斌统计，商代"爻"器共26件，时代上为殷墟文化二期到四期，"爻"曾与"敢""见"等族氏有复合关系。这说明，爻族活动的时间比较长，一直从武丁后期到帝乙、帝辛时期。商代后期爻族曾向商王纳贡龟甲，爻族和爻族之人也与商王室来往密切。而因为爻族和爻地的重要性，商王非常关心，常常占卜贞问爻族的情况。因此，商王之所以令人占卜询问上帝会不会使爻地顺利，可能就如朱凤瀚所说："帝有广泛的自然权能以及相当多的人事权能，尤其具有任何神灵所未有的对人间强大的破坏力，反映商人对帝怀有深深的畏惧心理。"晁福林也指出："它很少干预人间的具体事务，也不怎么赐福于人，而是多降下灾难。"因此，具有重要地位的爻，一旦发生了不好的情况，或者有迹象表明会出现不理想的状态时，商王就会令人占卜询问它们是不是受上帝的左右或干预。

卜辞大意

第1辞贞问："上帝（或帝）会保佑爻，使爻地一切顺利吗？"第2辞贞问："上帝不会使爻地顺利吗？"

二　帝庭

（一）帝臣

『帝臣』卜辞

1 于帝臣？有雨。

2 于羌宗酚？有雨。

3 于武宗酚？有雨。

二 帝庭

第三期

《甲骨文合集》30298

辞语解析

1. 帝臣，帝的臣，商代的帝臣是帝的下属，如同"王臣"是王的下属。商代的帝臣，有的位于神灵世界，有的位于人间世界，而绝大多数在神灵世界里。

2. 羌，应该是商王先公之名，有专家释为"岳"，似待商榷。"武"为商王的祖先神，有学者认为他就是汤。从该版卜辞可以看出，帝臣不仅包括了自然神灵，可能还包括商王的祖先神，如羌、汤，这说明商王的祖先神可能也是帝的臣属，帝的地位在早期要高于祖先神。

3. 宗，指宗庙，《说文》："宗，尊祖庙也。"在甲骨卜辞中，"宗"多指祭祀先王的场所，犹如后世之祖庙。字形作"介"（《合集》13538）、"介"（《合集》32052）、"介"（《合集》00333）、"余"（《合集》36159）等，从字形上看，宗是房子的侧面图，里面是祭祀先祖的神主牌位"示"。古人经常祭拜的神主"示"，最初并无固定场所，后来由于祭祀的需要，就把"示"搬到人工建筑中来陈列供奉，宗庙由此成为古人祭祀祖先神灵的专门场所。

4. 酻，是祭祀的名称，是商代用酒祭祀神祖的一种祭礼。

5. 目前，尚不能证明所有先祖神皆已被上帝所统领，且已与上帝形成有秩序的隶属关系。即在商人的观念中，上帝虽然具有广泛的权能，但并未达到"拥有无限的权威"之程度，亦不能说已把宗祖神与自然神的权力全揽在手中，特别是祖先神对商王以外贵族所拥有的权能更是上帝所不具备的，祖先神与自然神对商人的庇护作用也是上帝所不能代替的。

卜辞大意

　　第1辞卜问："向帝臣祭祀祈雨可以吗？"下雨了。第2辞卜问："在神灵羌的宗庙进行酻祭祈雨可以吗？"下雨了。第3辞卜问："在汤的宗庙进行酻祭祈雨可以吗？"下雨了。

『帝臣令』卜辞

惟帝臣令？

第一期

《甲骨文合集》217

辞语解析

1. 在商人的心目中，上帝下面有帝臣，上帝发布命令，由帝臣执行命令，臣是服从于上帝的。

2. 该版卜辞是对帝臣发布命令的记载，应该是帝臣代表上帝发布命令，而不是具有独立于上帝的决断权力。

3. 总的来看，上帝是决策者，具有最高权力，帝臣是帝命的执行者。"帝臣""五丰臣""五丰""帝史"等称呼表明，帝庭中有明确的官职等级体系，具备较明确的职务分工，而人们对上帝的祭祀也呈现出层级化的目的性祭祀特征。

卜辞大意

是否唯有上帝的臣属发布命令。

「帝臣令出」卜辞

1 其出？

2 惟帝臣令出。

3 贞：王勿出？

第一期

《甲骨文合集》14223

辞语解析

1. 商代的帝臣左右商王的祸福。"出"义为离开、出来。"王出"表示商王离开或出来。商王离开的地方应该就是商都。甲骨文中有"壬子卜，贞：王出，无祸"，可见商王离开商都时，有时会有忧患，因而常常进行相关的占卜。

2. 该版卜辞反复向帝臣贞问商王能否离开商都，这说明帝臣掌握着商王离开商都之后的祸与福。

3. 从卜辞情况来看，商王离开商都的目的是多样的，或田猎，或巡视查看地方，或征伐敌对方国等，在这种情况下，往往要向帝臣贞问祸福吉凶。

卜辞大意

第1条卜辞卜问："……商王可以离开商都吗？"第2条卜辞意思为：占卜结果是需要帝臣的命令才能离开。第3条卜辞贞问："商王不要离开商都吗？"

『帝臣』卜辞

1 壬子贞：屰米帝？
2 弜屰米帝？

第四期
《甲骨文合集》33230

辞语解析

1. 屰，甲骨文象（倒）人自外入或人自高处头朝下坠落之形。卜辞中最常见的是表示"迎"，另外也作人名或国族名，作为国族，屰国地理位置不明，曾与商王朝敌对，后被商征服。本版卜辞中，"屰"推测应为人名或国族名。

2. 米，象形字，字形就像粟禾等粮食的颗粒形状，上下六点象米粒形，中间斜杠，有学者认为是谷物的杆，也有认为是脱壳工具的。甲骨文表现的应是粟谷粒或稻谷粒，不一定是脱壳过的。卜辞也用作祭名，本版卜辞即应是祭名。立秋黍熟，秋分禾熟，黍是黄米，禾是小米。入秋之后，地里的庄稼渐次成熟，五谷入仓，秋收祭祖，也祭诸多自然神与天神。

3. 帝，卜辞中的"帝"有三种用法：一为上帝或帝，表天神，为名词；二为禘祭之禘，是动词；三是庙号的区别字，如帝甲、文武帝，为名词。本版卜辞中的"帝"作动词，为禘祭。是一种祭祀或崇拜行为。殷代之禘祭，祭祀对象广泛，为殷人祭天及自然神、四方之祭，亦祭先公先王，且不受时间与季节限制。

4. 秋，字形像是一只蟋蟀，长触角、粗后腿。古人发现蟋蟀一般在秋天鸣叫，便把蟋蟀作为"秋"的表征。有学者认为，该字形像一只蝗虫，蝗虫也是经常活动于秋季的昆虫。"秋"在这里应是指主司谷物成熟之神，禘之以祈丰年。也有学者认为，因"秋"像蝗虫，兴起蝗灾的自然神"秋"也是帝臣，可备一说。

卜辞大意

第1辞大意为，壬子日占卜："让屰向'秋'神进行米祭和禘祭可以吗？"第2辞贞问："不让屰向'秋'神进行米祭和禘祭可以吗？"

『帝臣江』卜辞

辛亥卜，帝堂（江）它我？侑三十小牢。

第四期

《甲骨文合集》34157

辞语解析

1. 商代自然神中的"江"是帝臣。

2. "帝江"又见于《山海经·西山经》："又西三百五十里曰天山，多金玉，有青雄黄。英水出焉。而西南流注于汤谷，有神焉，其状如黄囊，赤如丹火，六足四翼，浑敦无面目，是识歌舞，实惟帝江也。"据饶宗颐考证，帝江是江水之神。它可能和商代的河、土（社）、岳一样，都属于自然神。

3. 帝江，据毕沅注："江读如鸿"，帝江即帝鸿，鸿鸟，大鸟也。鸿鸟在上古亦被认为是凤凰的别种，汉以后成为鸿鹄即天鹅与黄鹄的名称。

卜辞大意

辛亥日占卜，帝江是否会危害我商王朝。用经过特殊饲养的三十只牛羊进行侑祭。

（二）帝史

『帝史』卜辞

『帝史』卜辞

乙巳卜，贞：王宾帝史，亡尤？

第五期

《甲骨文合集》35931

辞语解析

1. 宾，为祭祀名。商人认为商先王死后可以升天，宾于上帝左右，这里的宾有做客之义。而时王"宾祭"的目的是要先王转告上帝，或上帝使者，或其化身，以求得保佑。

2. "史"当即"使"，卜辞中有"贞：史人于沚"（《合集》6357）、"贞：史人于甫"（《合集》7337），其中的"史"即是"使"。《汉书·杜延年传》："少府史乐成"，颜师古注："史或作使字"，也可为证。

3. "帝使"是"帝臣"的一种，即担任帝的使者。下辞的风即为帝史。

4. 亡尤，卜辞恒语。亡即无。《说文》："尤，异也。"卜辞中义为灾异。亡尤即无灾异。目前主要见于祖庚、祖甲和帝乙、帝辛时期的卜辞中。

卜辞大意

乙巳日占卜，贞问："王宾祭帝的使者，没有灾祸吗？"

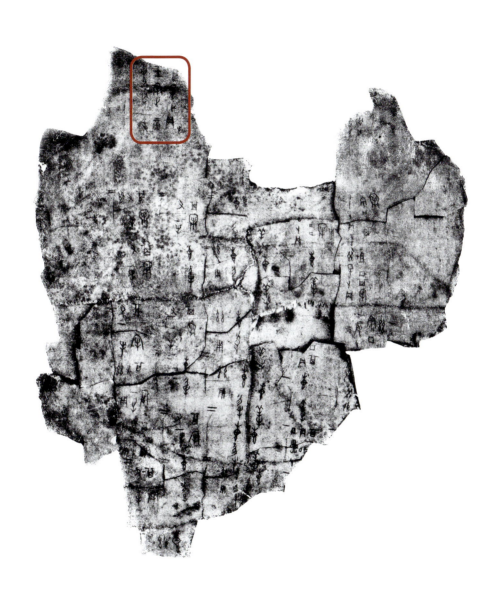

『帝史风』卜辞

于帝史风二犬？

甲骨卜辞菁华·天神篇

第一期

《甲骨文合集》14225

辞语解析

1. 于，胡光炜谓："凡言于，皆示所在。"《尔雅》曰："于，於也。""於"为"于"之假借字，秦以后始用之，是以假借字释本字。

2. 史，读为使，以风神在帝左右，为帝之使，故言帝使风。"帝史"即"帝使"，为上帝的臣使。卜辞告诉我们，在殷人那里，风是神灵，是上帝的使臣或化身，它是佐事上帝的"帝臣"。古人以为凤凰为风神，风神实处在帝的左右。风神为帝使，因而刮风是帝所命令。

3. 殷墟甲骨卜辞表明，殷人祭祀自然神中的风神、云神、雨神、日神和四方神，日月星辰风云雷雨等都供帝驱使，所以称帝使。其所从来的五方，各有专神主之，则称为帝五臣或帝五工臣。

卜辞大意

"于帝史风二犬"，即是卜问是否用两条犬来祭祀上帝的使臣风。该辞贞问用两犬祭祀风神。

（三）帝五臣

『帝五臣』卜辞

1 ……〔又〕于帝五臣，又大雨？

2 王又岁于帝五臣？正，隹亡雨？

第三期

《甲骨文合集》30391

辞语解析

1. 又，祭名，即"侑"祭，盖祭祀时劝食以乐。据学者分析，为了求得好年成举行的"侑"祭，多写作"又"。

2. 帝五臣，天帝五位神臣。帝不仅管理、统率着众多的自然神灵，而且还管理着人间千头万绪的大小事件。因此他便像人王一样需要一个供他指派役使的官僚系统，因此有"帝正"（《合集》36171），"帝史"（《合集》35931）、"帝臣"

（《合集》217）等，陈梦家也认为："上帝或帝不但施令于人间，并且他自有朝廷，有使、臣之类供奔走者。"帝五臣也是祈求上帝的媒介。

3. 又大雨，即"有大雨"，较晚期卜辞中"又"通作"有"。

4. "岁"即"刿"，在卜辞中为杀牲之法。

5. "正"即"祟"，为禳除殃患之祭，则该版卜辞反映的是商王为了雨水之事向"帝五臣"举行劝食之乐、杀牲以祭和禳除殃患等的祭祀。

卜辞大意

该版卜辞为商王对上帝的臣属举行祭祀。第1辞卜问："商王要又祭于帝五臣，会有大雨吗？"第2辞卜问："商王要对帝五臣举行又、岁、正之祭，会无雨吗？"

因为上帝像人间一样有一套官僚系统，所以他对于下界的事情不必事事躬亲。那么我们也就不再奇怪，在风灾、旱灾、水涝多雨之时，人们不是直接祈求上帝息风止雨，而是向"土（社）""河""岳"等自然神进行祈求了。

『帝五工』卜辞

1 癸酉贞：帝五工，其三〔小宰〕？

2 癸酉贞：其三小宰？

第四期

《甲骨文合集》34149

辞语解析

1. 帝五工，是指上帝的五位臣工。也有说是执掌东、南、西、北、中五方的神灵。

2. 其，在此为动词，义为用。

3. 小宰，即经过特殊饲养的牛羊。卜辞"宰"字作"⊘"（《合集》19907）、"⊘"（《合集》21216）、"⊘"（《合集》26907正）等形，会意字，与"牢"字构形同，字形像一只羊被关在栏圈状的地方。本义是饲养牲畜的栏圈，成语"亡羊补牢"还保留这个意思。卜辞中用作祭祀的牛、羊、猪，据《礼记》记载，祭祀时牛、羊、猪三种祭品齐全叫"太牢"，只用牛羊叫"少牢"，即"小宰"。

卜辞大意

卜辞有两问，都是于癸酉日卜问的，第1辞是，癸酉日贞问："用三只经过特殊饲养的牛羊来祭祀上帝的五位臣工可以吗？"第2辞是，癸酉日贞问："用三只经过特殊饲养的牛羊来祭祀可以吗？"

『帝五丰臣』卜辞之一

1 庚午贞：秋大侑于帝五丰臣血□，在祖乙宗卜？兹用。

2 □酉……其……牢？

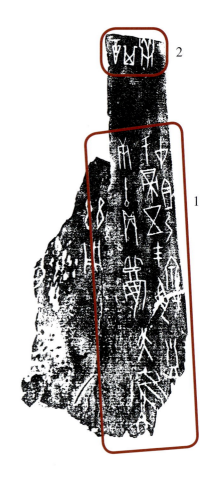

第四期

《甲骨文合集》34148

辞语解析

1. 秋，卜辞中，"秋"字多写作"🦗"（《合集》6352）、"🦗"（《合集》7343）、"🦗"（《合集》11537）、"🦗"（《合集》33230）等形，为象形字，字形象蟋蟀之形，学者多认为是蝗虫之灾，或假为秋季之秋。

2. 帝五丰臣，是说上帝下面的五个臣佐，是上帝的五位神臣，关于卜辞的"帝五臣""帝五丰臣"等，指的是哪五种天神，学界有各种不同的推测。但根据帝对风云雷雨的驱使命令，申字之引申为神、申明等意义，以及雷字之雷电一体的构形等，上帝之五臣很可能指的是风云雷电雨等自然神灵。但也有学者认为殷人帝廷组织里的"帝五臣""帝五丰臣""帝五丰"，即上帝的五个工臣应是：四方神、风神、雨神、云神、日神。值得注意的是，卜辞中帝廷的官员均以"五"为限，如上版（《合集》34149）之"帝五工"。在传说中，东方少昊族所设官职也往往以"五"为限。《左传》昭公五年中有"鸠民者"的"五鸠"官，有"夷民者"的"五雉"为"五工正"，还有四季鸟加上历正凤鸟也是五官管理历时。《逸周书·尝麦》篇也说上帝曾命少昊"以正五帝之官"。这"五帝之官"与卜辞中的"帝五臣""帝五工臣"等说法相似。王晖曾说："这实际上是以始祖为首的先祖们被殷人幻化为各种自然神之后在天上形成的一套统治班子。"

3. "秋大雹"之秋指蝗灾。"秋大雹"指蝗虫大举飞来。蝗虫成灾，因此要进行占卜祭祀。

4. 祖乙，该辞为第四期卜辞，当是武乙或文丁时期卜辞。是在祖乙的宗庙中卜问的，第四期卜辞中的"祖乙"当是指小乙。

5. 兹用，卜辞决辞，是表示占卜事项取用与否的专用词，"兹用"表示此次占卜的结果被神灵执行或使用了。类似还有"用""不用""兹不用"等。

卜辞大意

该版卜辞第1辞是于庚午日卜问"秋于帝五丰臣。在祖乙宗卜"，"秋于帝五丰臣"是"宁秋于帝五丰臣"的省写，意思是说向上帝的五位臣使祈求止息蝗虫之灾，是在祖乙即小乙的宗庙占卜的。第2条卜辞是关于祭祀用牲的，贞问是否可以用特殊饲养的牛羊等相关牲品祭祀。

这两条卜辞说明，商代的自然神和祖神之间可能是一种平等的关系，他们之间可以互相帮助。

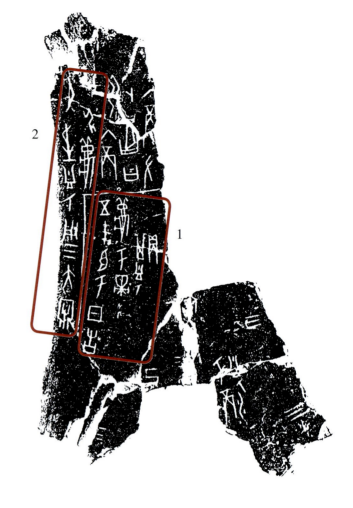

『帝五丰臣』卜辞之二

1 贞：其宁秋于帝五丰臣，于日告？

2 甲申，秋夕至，宁用三大牢？

甲骨卜辞菁华·天神篇

第四期

《小屯南地甲骨》930

辞语解析

1. 五丰臣，陈梦家认为，原辞中"丰"读作"工"，丰乃工字，工为玉之单位词，丰象三玉成串之形，则"帝五丰臣"就是"帝五工臣"。

2. "宁秋"之"宁"，为安宁、停息、止息之义。《国语·晋语八》韦昭注："宁，息也。"卜辞"秋"字乃蝗虫之形，"告秋""宁秋"之祭，均与灾异有关，解为蝗祸皆可通。"宁秋"之"宁"与甲骨文中"宁风""宁雨""宁水"之"宁"的用法一致，都有止息之义。

3. 于日告，是说于贞问之日的白天举行告祭，告即祷告、祭告。殷商时人也有宁息蝗灾的愿望，每当蝗灾发生时，商人要将此事告诉神灵和先祖，请求冥冥之中的神祖们帮忙除害。该版卜辞表明，商人向"帝五丰臣"等神灵致祭，祈求止息蝗灾，可见蝗灾已经发生。

4. 商人对蝗灾的发生已经有了一定的认识，如商代发生蝗灾的月份多在夏历六月和十月，商人即常在这两个月卜问。而当蝗灾发生时，商人不仅求助于神灵以禳灾，同时也知道利用烟火驱杀蝗虫，这从甲骨文之"秋"字的部分字形下面有"火"形就可以看出。

卜辞大意

　　该版卜辞是就蝗灾之事，于贞卜的当日白天向上帝的五位臣工举行祷告之祭，祈求帝五工臣来宁息蝗虫之灾。第1辞贞问："在白天向上帝的五位臣工进行祭告以止息蝗灾可以吗？"第2辞贞问："甲申日，蝗灾在傍晚（或夜晚）到来，使用经过专门饲养的牛羊豕作为牺牲来平息蝗灾可以吗？"

　　总的来看，上帝虽有高于其他类神灵的地位，并已在天上建立了一套以己为核心的、有秩序的天神系统，然而其直接行使使命权的范围也就大致限于这一系统内，上帝并不能号令于商人的祖先神和商人所树立的自然神，诸神灵与上帝间的从属关系并不明确，因此，从宗教学角度看，似不能把上帝简单地列为商人的至上神。

（四）其他

『帝宗正』卜辞

……帝宗正，王受有佑？

第五期

《甲骨文合集》38230

辞语解析

1. 此辞不全。"帝"前似残缺了祭祀类的动词。

2. 帝宗正，就是帝的宗正。宗正是一种职官，应与宗工相同。《尚书·酒诰》记载："越在外服，侯、甸、男、卫、邦伯；越在内服，百僚庶尹，惟亚惟服、宗工，越百姓、里居，罔敢湎于酒。"

3. 该版卜辞表明商代有宗正官之类的帝臣。可见，商人观念中的帝臣有一定的分职，各自分工不同，王进锋在《商代的神灵世界——从帝臣看商代的神灵关系》一文中提到："有的帝臣左右商王的祸福，有的任帝的使者，有的为帝的工臣，有的为帝的宗正官。"

卜辞大意

向上帝的宗正进行祭祀，王是否会得到佑助或保佑。

9
8

7

6

5

4

3

2

1

『宾帝』卜辞

1. 贞：大甲不宾于帝？
2. 贞：下乙宾于帝？
3. 贞：大〔甲〕宾于帝？
4. 贞：下乙〔宾〕于帝？
5. 贞：下乙不宾于咸？
6. 贞：咸不宾于帝？
7. 贞：大甲不宾于咸？
8. 贞：咸宾于帝？
9. 贞：大甲宾于咸？

第一期

《甲骨文合集》1402 正

95

二 帝庭

辞语解析

1. 宾，"宾"的含义有不同的说法，但与《楚辞·天问》："启棘宾（商）（帝）"相印证，知"宾"义当以释为宾客之宾为宜，在此作动词，即做客。《山海经·大荒西经》："开上三嫔于天，得《九辩》与《九歌》以下"，开即夏后启，"嫔"即"宾"。启可"三宾"于天，是"宾"后又可降于地，亦可见宾非久留，乃是做客之义。

2. 宾于帝，乃指先王升天时能朝见上帝，并列于上帝左右，做客敬拜，随之配享。宋镇豪说："夏商时帝与人王无血统关系，先王与帝所处不在一个层面，帝在天界最上层，先王处在中层天地间。《尚书·微子》即有云：'殷其弗或乱正四方，我祖底遂陈于上。'‘陈于上’与‘宾于帝’均有下上层位相异的涵义，这反映了殷人宗教信仰观念中的宇宙世界。西周以降王自命为上帝之子而称‘天子’，人王位置上升，观念是有代变的。"

3. 咸，即大乙成汤，古本《竹书纪年》(《太平御览》卷八十三引) 谓"汤有七名而九征"，《尚书·酒诰》中说："自成汤咸至于帝乙"，"咸"盖为成汤名之一。

4. 从本版卜辞中可以看出商代神谱座次可能为：下乙、大甲均要"宾于咸"，说明下乙、大甲地位低于开国之君成汤；而咸及大甲、下乙均要"宾于帝"，说明帝的地位座次明显要高于成汤、大甲及下乙。既然帝的地位高于卜辞中称为"高祖"的殷人开国之君成汤，那么帝在殷代神谱中的座次肯定在众多的先祖神之上。

5. 该辞直接体现了上帝与祖先神的相互关系，卜辞卜问咸、大甲、下乙是否"宾于帝"，即商王要了解到底哪一个先王可以"宾于帝"，这是核心的问题，那么，商王了解哪位先王可以"宾于帝"，可与上帝交往，其目的究竟何在？胡厚宣指出，由先王"宾于帝"可知，先祖是时王向上帝表达企望的中介。或者可以说，殷人的上帝与祖先神之间在早期是一种比较明确的上下尊卑关系。

卜辞大意

该版卜辞卜问诸先王能否做客于上帝，以及卜问部分先王能否做客于成汤，以借助诸先王实现与天神上帝的交往。

第1辞卜问："先王大甲不能到上帝处做客吗？"

第2辞卜问："先王祖乙能到上帝那里做客吗？"

第3辞卜问："先王大甲能到上帝处做客吗？"

第4辞卜问："先王祖乙可以到上帝处做客吗？"

第5辞卜问："先王祖乙不能做客于先王成汤吗？"

第6辞卜问："先王成汤不能做客于上帝吗？"

第7辞卜问："先王大甲不能做客于先王成汤吗？"

第8辞卜问："先王成汤可以做客于上帝吗？"

第9辞卜问："先王大甲可以做客于先王成汤吗？"

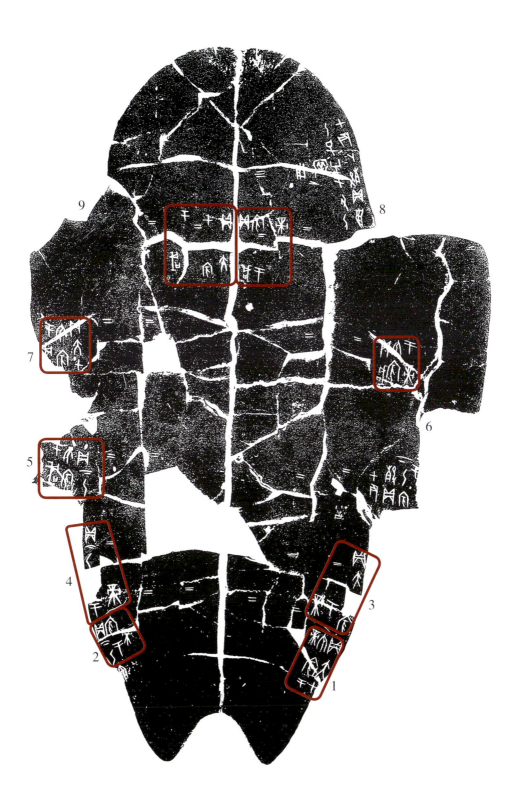

二
帝庭

『四方风』卜辞

1 辛亥卜，内贞：禘于北方曰夕，风曰殴，求〔年〕？

2 辛亥卜，内贞：禘于南方曰峜，风夷，求年？一月

3 贞：禘于东方曰析，风曰劦，求年？

4 贞：禘于西方曰彝，风曰彞，求年？

第一期

《甲骨文合集》14295

辞语解析

1. 内，为卜辞第一期即武丁时期的贞人名。

2. "禘"是祭祀动词，禘祭与燎祭都是用"架插薪"的方法进行祭祀。禘祭是商王祖甲之前盛行的祭祀名称。需要注意的是，此处的"禘"字均作"宋"形，这与卜辞中一般作上帝用法的帝字"宋"是不同的。

3. 方，四方之神。殷墟卜辞表明，商人在多数时候是对四方神称"方"的，胡厚宣曾说："方即四方。"而对于方神的祭祀方式也非常多样，有"燎"祭、"酒"祭、"禘"祭、"又"祭等多种祭法。殷人认为祭祀他们，可以求得好收成。

4. 这是殷墟第十三次发掘时出土于YH127坑的一版属于第一期的大龟腹甲，是由十块碎片拼合而成的，上面有六条相关的卜辞。殷人认为四方神和四方风神都是上帝的使臣，风调雨顺与他们的恩赐密切相关。《诗经·小雅·甫田》："以我齐明，与我牺羊，以社以方。"另外，结合其他卜辞，我们还知道，作为上帝的使臣，四方神受上帝的指使，统领着风神、雨神等神灵，而这些神灵又直接关系到农业生产的丰歉。

5. 东方神名为析，析训为分，意为春分之时昼夜平分，东方析应即司掌春分之神，东方风名为劦（或劦），即合风，和煦之风，意为阴阳合和而交。《尧典》中说"鸟兽孳尾"，动物交配正是春季的物候。南方神名因（或释"夹""炎"），通"殷"，与"夏"同义，意为草木生长，也指夏至前后白昼时间长。南风名为岂（或释"微"），微，微弱之风，也即凯风，正是夏季风的持点。《尧典》说"鸟兽希革"，或指夏至前后鸟兽羽毛稀疏，是暑热之征，南风亦作景风，这时阳气最盛。西方神名彝，其义为平，意为秋分日夜齐等。西风名为夷（或释"韦"），意为草木虽繁，木垂华实，但秋季太阳光照日少，草木开始凋零。《尧典》说"鸟兽毛毨"，为鸟兽生出了御寒的羽毛，这正是秋分时的物候。北方神名为勹（或释"宛"），呈人屈身之状，意为伏藏，或草木潜伏，指冬至白昼短，万物伏藏。北风名役（或释"殹"），指烈风，指天气寒冷，《尧典》载："鸟兽氄毛"，盖指鸟兽此时毛多温暖，此冬季大寒之征。

6. 通过这版卜辞可以看出，商代时不但早已有了"四方"的概念和表示四方的"东南西北"的名词，而且还有"析、因、夷、勹"这四个方位神。这四方神寓意着草木禾谷生长的特点，有着草木禾谷春萌生、夏长大、秋成熟、冬收藏的象征，含有丰富的农业文化的意味。而四方风神的名字也是根据四方风在不同时节的特征而命名的。

7. 四方之名及其风名，体现了殷商时人清晰的方位观以及初具雏形的四时季候观的形成，蕴含着殷商人的四时五方思想，奠定了后世五行学说的思想基础。四方、四风与物候紧密联系，命名应源于商人对一年之中物候变化的从识。而四方神名与风名对应着春生、夏长、秋收、冬藏，也由春秋两季向春夏秋冬四季的发展准备了一定条件。

卜辞大意

辛亥日占卜，贞人内依次贞问："用禘祭的方法祭祀北、南、东、西四方神和四方风神，祈求四方神和四方风神保佑给予好年成，可以吗？"

第1辞是，辛亥日占卜，贞人内贞问："用禘祭祭祀北方神勹、北方风神殴，祈求保佑好年成可以吗？"

第2条卜辞是，辛亥日占卜，贞人内贞问："用禘祭祭祀南方神岂、南方风神夷，以求保佑好年成可以吗？"

第3条卜辞贞问："用禘祭祭祀东方神析、东方风神劦，以求得好的年成可以吗？"

第4条卜辞贞问："用禘祭的方法祭祀于西方神彝、西方风神彔，以求得好的年成可以吗？"

风神如同"帝正""帝宗正""帝五臣""帝五工臣"等一样，也是帝臣的一种。

三　日神

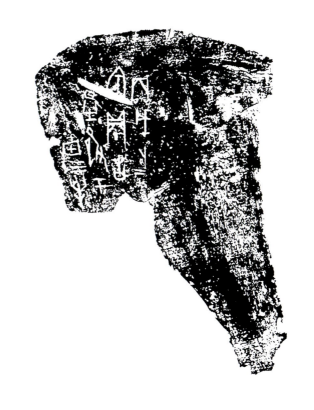

『告日』卜辞

丙戌卜，宾贞：告日，屮设于上甲三牛？

第一期

《甲骨文合集》13329

辞语解析

1. 宾，为卜辞第一期即武丁时期的贞人名。

2. 告，即祷告，是告祭日神的祭祀。

3. 日，太阳。现在通常认为，被商人迎接而加以祭祀的是太阳神。殷墟卜辞表明，商人认为太阳具有神性，太阳是神灵，因而他们对于太阳即"日"进行崇拜。

4. "屮设"即"有设"，"设"为于省吾所释，本义为施、陈，在甲骨文中它有两种含义：一是指自然界的设施兆相；一是指祭祀时的祭物陈设。

5. 上甲名微，是夏代中期商族的首领，《史记·殷本纪》中提及其名，为王亥之子。商人先公自上甲始。

卜辞大意

丙戌日占卜，贞人宾贞问：祷告日神，并陈设三头牛祭祀先公上甲可行与否。

『宾日』卜辞之一

丙子卜，即贞：王宾日叙，亡尤？

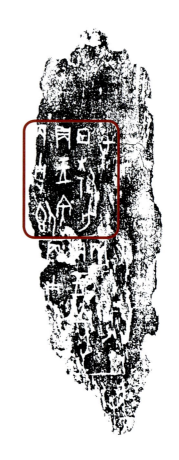

甲骨卜辞菁华·天神篇

第二期

《甲骨文合集》25247

辞语解析

1. 王，指商王。即，为第二期贞人名。

2. 宾，在卜辞中用法较多，该辞的命辞中有"王宾"字样，我们一般称此类卜辞为"王宾卜辞"。对"王宾卜辞"中的"宾"字，学者多认为是傧祀、迎接之义，王宾即商王亲临迎接。这种形式的卜辞主要见于殷墟卜辞第二期和第五期。它的文例一般是"干支卜，（某）贞：王宾某祭名，亡尤"的形式。

3. 日，是名词，日神，是被祭祀的对象。

4. 叙，是祭名，学者或认为它是燎字的另一种写法，燎祭是用火烧的方法进行的祭祀。于省吾认为，"叙"通"塞"，实也。盖有所祈祷，许以牲礼为报，自实其言，故谓之塞也。

5. 亡尤，卜辞恒语。亡即无。《说文》："尤，异也。"卜辞中义为灾异。"亡尤"即无灾异。目前主要见于祖庚、祖甲和帝乙、帝辛时期的卜辞中，该版即是第二期祖庚、祖甲卜辞。

卜辞大意

丙子日占卜，贞人即贞问："商王傧祀并叙祭日神不会有灾祸吧？"

『宾日』卜辞之二

1 辛亥卜，旅贞：今夕不雨？

2 [壬]子卜，旅贞：王宾日不雨？

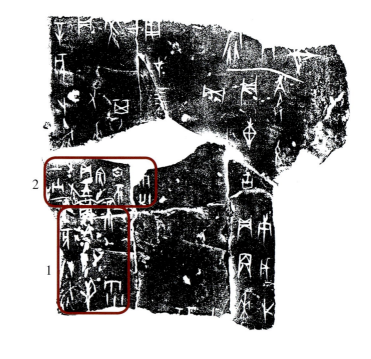

第二期

《甲骨文合集》22539

辞语解析

1. 旅，为卜辞第二期商王祖甲时期的贞人。

2. 夕，时间词。董作宾谓："夕，于殷代为夜，今夕即今夜，卜夕即卜夜也。"

3. 不雨，即不下雨。

4. 宾，卜辞中作""（《合集》5831）、""（《合集》22551）、""（《合集》22560）、""（《合集》22875）等形，会意字，从宀，象屋形；下从或女、或人、或卩，皆是人形；又从止、各。会有人自外而至，人在室中迎接之意。后金文加上"贝"或"鼎"，表示带来礼物的就是宾客。本义为客人，引申为归顺、服从。有学者认为，卜辞中说的"宾日"，犹如《尚书·尧典》的"寅宾出日"，"宾"读为"傧"，意思是"迎接"，《说文》："傧，导也。"《玉篇》："出接宾曰傧。"甲骨文"傧""宾""嫔"一字。

5. 日，日神太阳，其后无祭名，并且用"不雨"代替了"亡尤"。

卜辞大意

第1辞是，辛亥日占卜，贞人旅贞问："今夜不会下雨吧？"

第2辞是，壬子日占卜，贞人旅卜问："商王宾祭日神的时候，不会下雨吧？"

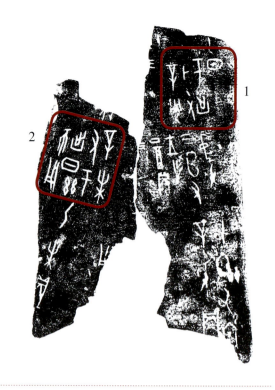

『出日』卜辞

1　辛未卜，侑于出日？

2　辛未，侑于出日？兹不用。

第四期

《甲骨文合集》33006

辞语解析

1. 又，祭名，通"屮"或"又"。"侑"，劝也，为祭祀时劝食之乐，为侑求之祭。《诗·小雅·楚茨》："以为酒食，以享以祀，以妥以侑，以介景福。"盖向受祭之鬼神劝进酒食也。

2. 出，甲骨文"出"字作"屮"（《合集》20259）、"屮"（《合集》6696）、"屮"（《合集》217）、"屮"（《合集》5051）等形，会意字，表示一只脚从洞口出来（上古人们穴居），会出来之意。本义当为出去，如《左传》："吾见师之出，而不见其入也。"又引申为支出、超出、发出等义。出日即日出。

3. 不用，即不采用，不施行。

4. 宋镇豪指出卜辞中的"出入日"的意义不是单纯的指太阳的升起和落下，而是一个抽象的受祭格。

卜辞大意

第1辞是，辛未日占卜，是否可以侑祭出日。

第2辞是，辛未日又问侑祭出日，但没有采用。

甲骨卜辞菁华·天神篇

『观日』卜辞

王其观日出，其戠于日，刚？

三 日神

第三期

《小屯南地甲骨》2232

辞语解析

1. 戠，从戈从雀，《说文》："戠，断也。"；朱骏声《说文通训定声》："戠，字亦作截"，该辞中为祭祀仪式；

2. 刚，为杀牲之法。学者或认为是宰之异文，有断割之意，是宰杀、断割牺牲的方法。

3. 本辞实际上类似于对"出日"的祭祀，主要是对太阳刚刚升起时日神的祭祀。

卜辞大意

商王观看日出，占卜要举行"戠"的仪式来祭祀日神，用"刚"祭的方法，即用宰杀、断割牺牲进行祭祀，可行与否。

『戠日』卜辞

1 其戠日？

2 弜巳戠日？吉。

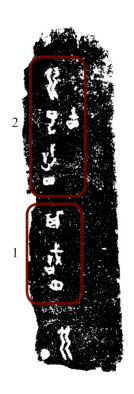

110

甲骨卜辞菁华·天神篇

第五期

《甲骨文合集》38115

辞语解析

1. 其，副词，表示假设，如果。

2. 弜，与"勿"用法相近，为否定副词，义为"别""不要"。"弜巳"的"巳"，学者多读为"祀"，但裘锡圭认为卜辞里见于反问辞中否定词之后的"巳"不读"祀"，"巳"在此为虚词，没有实际意义。

3. 甲骨文"戠"，会意字，字形含义尚不明。一般认为通"食"，在卜辞中也可以用作日蚀或者月食，是"食"的假借字，但尚未形成共识。除日月有戠这种记载外，甲骨文还有"戠一牛""戠一牢"的记载，则"戠"字用法似与"伐""刿"相近，应有败伤之义。则"日戠"解释为：日食——太阳的渐变、衰败，似也是合理的。

卜辞大意

这是一版第五期卜辞，为正反对贞的辞例。第1辞是卜问："会发生日食吗？"第2辞是卜问："不会发生日食吗？"占卜结果是吉利。

『出入日』卜辞之一

1 癸未贞：甲申酒出入日，岁三牛？兹用。

2 癸未贞：其卯出入日，岁三牛？兹用。

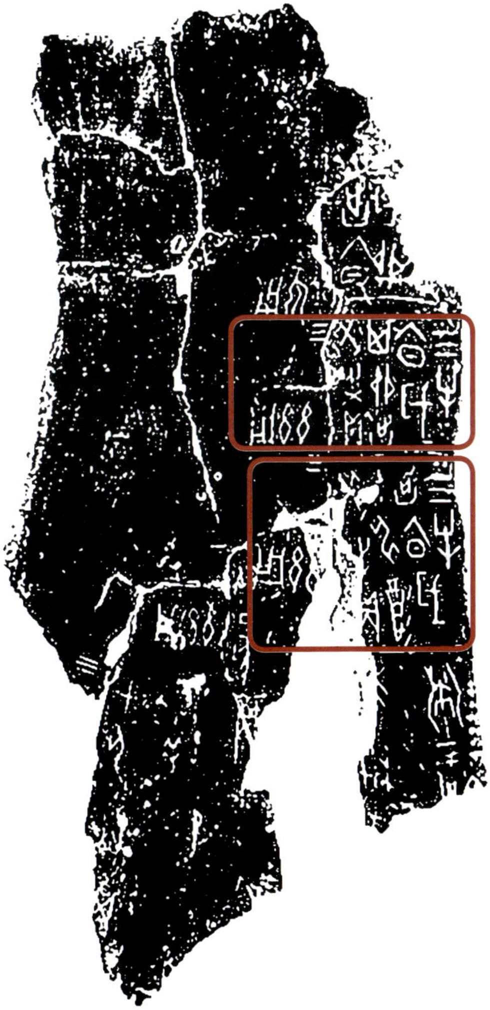

第四期

《小屯南地甲骨》890

辞语解析

1. 出入日，日出和日落。商王朝时期对于日出、日落均视为日神所为，出、入皆祭祀。
2. 酒，即用酒祭祀，甲骨文中的“酒”字作“[illegible]”（《合集》21215）、“[illegible]”（《合集》21210）、“[illegible]”（《合集》102）、“[illegible]”（《合集》896正）、“[illegible]”（《合集》13399正）、“[illegible]”（《合集》30813）等形，会意字，从酉从水，中间是一个酒

瓶，两旁是流出来的酒液。金文往往用“酉”代替“酒”，二者通用，直到小篆才分开。

3. 岁，祭名，也是用牲之法。“岁”读为“刿”，为会意字，“岁”与“戉”古本一字，字形是一把有弯刀的大斧的样子。作“”（《合集》20014）、“”（《合集》4209）、“”（《花东》114）、“”（《合集》641正）等形，斧上有两点，原是装饰物，或是尾端镂空处，后变为从两止，本义为兵器，引申义为割，这种意义后来写作“刿”。《诗经·小雅·信南山》：“执其鸾刀，以启其毛，取其血膋。”庄稼每年收割一次，所以岁又假借为年岁之岁。
4. “卯”是“对剖牲品”之义，也是祭祀出入日的祭祀方法。
5. 兹用，卜辞恒语，即此用。《尔雅·释诂》：“兹，此也。”意为用此卜。商代占卜常常一事多卜后决定取舍。目前主要见于武丁以后各期卜辞，置于辞中或辞末。

卜辞大意

第1辞是，癸未日占卜：“在癸未日的第二天甲申日，用酒祭和割三头牛的祭祀来祭祀出入日可以吗？”此用。第2辞是，癸未日占卜：“用对剖牲品和割三头牛的祭祀来祭祀出入日可以吗？”此用。

本版是有关祭祀出入日卜辞的典型代表。

『出入日』卜辞之二

2 出入日岁卯四牛？不用。

1 癸……其卯入日，岁☐上甲二牛？

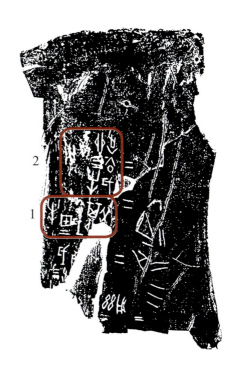

第四期
《小屯南地甲骨》2615

辞语解析

1. 卯，甲骨文作"◁▷"（《合集》356）、"◁▷"（《合集》6057正）、"◁▷"（《合集》20017）等形，象形字，字形像将一物中分之形，本义当为杀，是"剖"的本字。

2. 甲骨文中的"入"字常作"∧"（《合集》06）、"∧"（《合集》1535）、"∧"（《合集》22259）等形，象形字，字形象一把箭簇或刀锋等尖锐的利器，它能射入或嵌入别的物体，本义是由外而内。

卜辞大意

本版卜辞是关于祭祀日神的。第1辞先问"其卯入日，岁☐上甲二牛"，即卜问用剖杀牲品来祭祀入日，再割两头牛来祭祀上甲，可行与否。第2辞再问"出入日，岁卯四牛"，即是卜问用割和剖杀四头牛来祭祀出入日，可行与否。该版卜辞不但祭祀出入日，还单独祭祀入日，并同时祭祀祖先神上甲。宋镇豪曾指出，这种在祭祀入日的同时，又祭祀先祖的现象，是后世"尊始祖以配天神"的溯源。

附：甲骨文著录简称与全称对照

甲骨卜辞菁华·天神篇

简称	全称
《丙》	《殷虚文字丙编》
《合补》	《甲骨文合集补编》
《粹》	《殷契粹编》
《村中南》	《殷墟小屯村中村南甲骨》
《东京》	《东京大学东洋文化研究所藏甲骨文字》
《合集》	《甲骨文合集》
《后》	《殷虚书契后编》
《花东》	《殷墟花园庄东地甲骨》
《怀特》	《怀特氏等收藏甲骨文集》
《甲》	《殷虚文字甲编》

《戬》　　　　　　　《戬寿堂所藏殷虚文字》

《菁》　　　　　　　《殷虚书契菁华》

《库》　　　　　　　《库方二氏藏甲骨卜辞》

《明藏》　　　　　　《明义士收藏甲骨文集》

《前》　　　　　　　《殷虚书契前编》

《苏德》　　　　　　《苏、德、美、日所见甲骨集》

《天理》　　　　　　《（日本）天理大学附属天理参考馆藏品·甲骨文字》

《铁》　　　　　　　《铁云藏龟》

《屯南》　　　　　　《小屯南地甲骨》

《邺初下》　　　　　《邺中片羽初集下》

《乙》　　　　　　　《殷虚文字乙编》

《佚》　　　　　　　《殷契佚存》

《英藏》　　　　　　《英国所藏甲骨集》

参考文献

甲骨卜辞菁华·天神篇

甲骨文著录及工具书

陈梦家：《殷虚卜辞综述》，中华书局，1988年。

（日）岛邦男：《殷虚卜辞研究》，鼎文书局，1975年。

郭沫若：《卜辞通纂》，科学出版社，1983年。

郭沫若主编：《甲骨文合集》，中华书局，1978～1982年。

李学勤、齐文心、艾兰：《英国所藏甲骨集》，中华书局，1985～1992年。

王襄撰：《簠室殷契类纂》，《甲骨文研究资料汇编》，国家图书馆出版社，2008年。

王宇信、杨升南主编：《甲骨学一百年》，社会科学文献出版社，1999年。

于省吾：《甲骨文字释林》，中华书局，1979年。

于省吾主编：《甲骨文字诂林》，中华书局，1996年。

中国社会科学院考古研究所编：《小屯南地甲骨》，中华书局，1980年。

研究著作

常玉芝：《商代宗教祭祀》，中国社会科学出版社，2010年。

常玉芝：《殷商历法研究》，吉林文史出版社，1998年。

葛兆光：《中国思想史（第一卷）：七世纪至十九世纪中国的知识、思想与信仰》，复旦大学出版社，2001年。

顾颉刚、刘起釪：《尚书校释译论》，中华书局，2005年。

胡厚宣：《甲骨学商史论丛初集（外一种）》，河北教育出版社，2002年。

宋镇豪：《夏商社会生活史》，中国社会科学出版社，2005年。

严一萍：《美国纳尔森美术馆藏甲骨辞考释》，艺文印书馆，1973年。

严志斌：《商代青铜器铭文研究》，上海古籍出版社，2013年。

杨树达：《积微居甲文说》，上海古籍出版社，1986年。

于省吾：《〈双剑誃殷契骈枝〉〈双剑誃殷契骈枝续编〉〈双剑誃殷契骈枝三编〉》，中华书局，2009年。

郑杰祥：《商代地理概论》，中州古籍出版社，1994年。

朱彦民：《商代社会的文化与观念》，南开大学出版社，2014年。

研究论文

常玉芝：《"帝五臣""帝五丰臣""帝五丰"的所指》，王宇信、宋镇豪、徐义华主编《纪念王懿荣发现甲骨文110周年国际学术研讨会论文集》，社会科学文献出版社，2009年。

常玉芝：《由商代的"帝"看所谓"黄帝"》，《文史哲》2008年第6期。

晁福林：《说商代的"天"和"帝"》，《史学集刊》2016年第3期。

冯时：《殷卜辞四方风研究》，《考古学报》1994年第2期。

郭旭东：《殷墟甲骨文所见的商代军礼》，《中国史研究》2010年第2期。

胡厚宣：《殷卜辞中的上帝和王帝》（上下），《历史研究》1959年第9、10期。

胡厚宣：《殷代的冰雹》，《史学月刊》1980年第3期。

江林昌：《太阳循环与甲骨文四方风及一些哲学术语新探》，《烟台大学学报（哲学社会科学版）》1995年第2期。

孔繁银：《山东滕县井亭煤矿等地发现商代铜器及古遗址、墓葬》，《文物》1959年第12期。

李伯谦：《从殷墟青铜器族徽所代表的族氏的地理分布看商王朝的统辖范围与统辖措施》，北京大学考古文博学院编《考古学研究（六）：庆祝高明先生八十寿辰暨从事考古研究五十年论文集》，科学出版社，2006年。

刘桓：《殷墟卜辞"大宾"之祭与"乍邑"、"宅邑"问题》，《中国史研究》2005年第1期。

参考文献

苗利娟：《略论甲骨卜辞中"翌"与"来"的时间差异》，《中国语文》2012年第3期。

王晖：《论商代上帝的主神地位及其有关问题》，《商丘师专学报》1999年第1期。

王进锋：《商代的神灵世界——从帝臣看商代的神灵关系》，《民俗研究》2013年第3期。

徐义华：《商代的帝与一神教的起源》，《南方文物》2012年第2期。

杨升南：《卜辞"立事"说——兼谈商代的战法》，《殷都学刊》1984年第2期。

郑慧生：《商代卜辞四方神名、风名与后世春夏秋冬四时之关系》，《史学月刊》1984年第6期。

朱凤瀚：《商人诸神之权能与其类型》，吴荣曾主编《尽心集——张政烺先生八十庆寿论文集》，中国社会科学出版社，1996年。

朱凤瀚：《商周时期的天神崇拜》，《中国社会科学》1993年第4期。

朱彦民：《卜辞所见"殷人尚右"观念考》，《中国史研究》2005年第3期。

朱彦民：《说甲骨文之"左王"》，《中国文字》2006年第32期。